Clemens

Jonas

Manuela

Daniela Wattenbach

HEIMAT IM GLAS

Vergessene Köstlichkeiten

südwest

INHALT

VORWORT

„Heimatgefühl, Natürlichkeit, Erinnerungen an die Kindheit – darum geht es in diesem Buch. Und vor allem geht es ums leidenschaftliche Sammeln der „Zutaten" und ums Selber(ein)-machen. Klassische Kochbücher beginnen häufig mit dem Satz: „Das Kochen wurde mir schon in die Wiege gelegt". Bei mir ist das anders: Meine Mutter war berufstätig, und meine Großmutter kümmerte sich jeden Tag aufs Neue um den Haushalt und die Verpflegung unserer Großfamilie. Sie hatte in der Küche und im Haus so viel zu tun, dass sie uns Kinder zum Spielen auf die Wiese geschickt hat. Dafür bin ich ihr bis heute sehr dankbar. So erlebten wir die Jahreszeiten ganz intensiv und wuchsen mit und in der Natur auf. Den Duft einer frisch gemähten Heuwiese habe ich noch heute in der Nase …

Die Frage: „Was schleppt ihr denn jetzt schon wieder alles an?" haben wir fast täglich gehört. Meist war es ein Blumenstrauß, der überwiegend aus Wiesenkräutern bestand. Oder wir brachten Kapuzen voller Kirschen, Äpfel, Birnen und Zwetschgen mit, die dann eingekocht oder eingelagert wurden. Im Herbst trugen wir dann nicht selten Nüsse, Hagebutten und Schlehen nach Hause. Von daher wurde mir sozusagen die Liebe zu Burgbernheims Streuobstwiesen in die Wiege gelegt. Hier in diesem mittelfränkischen Naturparadies bin ich geboren und durfte die wohl unbeschwerteste Kindheit verbringen, die man sich nur vorstellen kann. Diese Erinnerungen machen mein ganz persönliches Heimatgefühl aus. Das Walnuss-Sammeln und die davon schwarzen Fingernägel, der Geruch des frisch eingekochten Himbeergelees oder der Geschmack des noch warmen Apfelkuchens meiner Mutter. All dies und noch viel mehr stammte aus der wundervollen „Schatzkiste" vor unserer Tür.

Wie der Titel meines Buchs schon sagt, habe ich es mir zur Aufgabe gemacht, möglichst viele der Köstlichkeiten meiner Heimat ins Glas zu packen und sie mir auf diese Weise über das gesamte Jahr hinweg zu bewahren. Jede Jahreszeit hat ihren ganz besonderen Reiz: Schon im Winter fiebere ich den frischen Frühlingskräutern entgegen und kann es im Sommer kaum erwarten, die ersten Früchte und die Ernte aus meinem Gemüsegarten zu verarbeiten. Der Herbst mit seiner Fülle an sonnengereiftem Obst lässt mein Herz jedes Mal wieder höher schlagen. Und kündigt sich der Winter mit den ersten Nachtfrösten an, freue ich mich auf das Sammeln der Heckenfrüchte, die erst nach diesen ersten Frösten lecker und süß schmecken.

In meinen Rezepten interpretiere ich meine kulinarischen Kindheitserinnerungen neu und lade Sie ein, mit mir auf die Reise zu gehen, um die Speisekammer vor Ihrer eigenen Haustür neu zu entdecken. Dabei möchte ich Ihnen zeigen, welche Herrlichkeiten uns die Natur auch heute noch darbietet und wie einfach es ist, diese Reichtümer im Glas haltbar zu machen – ganz ohne künstliche Zusatzstoffe. Meine Rezepte mögen zum Teil recht außergewöhnlich erscheinen, sie sind aber leicht nachzumachen und wollen einfach ausprobiert werden!

Viel Spaß beim Bewahren Ihrer persönlichen „Heimat im Glas" wünscht Ihnen

Ihre Daniela Wattenbach

HALTBARMACHEN

Jedes Jahr stellt sich für Gartenbesitzer aufs Neue die Frage: „Was tun mit all dem Obst und Gemüse, das gefühlt immer zur selben Zeit reif wird?“ Früher war es überlebenswichtig, sich die vitaminreichen Lebensmittel für den Winter haltbar zu machen. Obwohl das heutzutage nicht mehr so ist, gibt es für mich kaum etwas Schöneres, als meine eigene Gartenernte zu verarbeiten und dann an kalten Wintertagen meine selbst hergestellten Produkte zu genießen und damit den Geschmack des Sommers wiederaufleben zu lassen. Mein Gärtnerherz geht auf, wenn ich in meine reich gefüllte Speisekammer schaue und mir all die bunten Gläser entgegenleuchten. Im Folgenden zeige ich Ihnen verschiedene Möglichkeiten, wie Sie saisonale Lebensmittel haltbar machen können.

EINKOCHEN (LEBENSMITTEL LANGFRISTIG KONSERVIEREN)

Am liebsten konserviere ich meine Gartenernte in Weckgläsern. Vermutlich macht es mir deshalb solche Freude, weil schon meine Großmutter alles in diese schönen Gläser einkochte und ich damit wunderbare Kindheitserinnerungen verbinde. Gerne denke ich an die Zeit zurück, als ich bei der Oma am Küchentisch saß und Kirschen entsteinte oder mit meinem Opa Hagebutten putzte.

Einwecken ist gar nicht so schwer, wie manche glauben. Es stimmt schon, der Wecktopf und die Gläser sind erst einmal nicht ganz günstig – wenn Sie aber bedenken, dass Sie Topf und Gläser immer wieder benutzen können, rentiert sich die Anschaffung durchaus. Es muss auch nicht unbedingt gleich ein Original-Wecktopf sein, für die ersten Versuche reichen auch ein großer Kochtopf und ein Küchenthermometer. Vielleicht können Sie sich auch erst einmal einen Wecktopf ausleihen und dann entscheiden, ob Ihnen das Einwecken Spaß macht. Der große Vorteil dieser Methode besteht in der Vermeidung von Müll und der Möglichkeit, Konservierungs- und anderen künstlichen Zusatzstoffen aus dem Weg gehen zu können. Auch der dekorative Aspekt der Gläser mit ihren schönen bunten Füllungen und ihre hervorragende Eignung als Geschenke sprechen fürs Einwecken …

Zum Einkochen wird das vorbereitete Obst und Gemüse in die absolut sauberen (wichtig!) Gläser gefüllt und diese mit Gummiring und Deckel mithilfe von Metallklammern fest verschlossen. Dann wird der Inhalt im Wasserbad für eine bestimmte Zeitspanne (je nach Produkt individuell sehr unterschiedlich) erhitzt. Die Einkochtemperatur richtet sich ebenfalls nach dem jeweiligen Rezept und liegt in der Regel zwischen 70 und 100 °C. Es ist immens wichtig, sich immer genau an die Zeit- und Temperaturangaben zu halten. Nur so können Sie die frischen Lebensmittel sicher und langfristig konservieren. Durch die sich in der Hitze ausdehnende Luft und den entstehenden Wasserdampf wird in den Gläsern ein Überdruck erzeugt, und die Luft entweicht daraus. Beim Abkühlen entsteht dann ein Unterdruck, wodurch der Deckel nach innen angesaugt wird und so den Inhalt des Glases luftdicht verschließt. Das Eingekochte bleibt auf diese Weise jahrelang haltbar, weil durch die Hitze Bakterien abgetötet wurden und dank des fest abschließenden Deckels keine neuen Keime mehr eindringen können.

Verwenden Sie nur makelloses Obst und Gemüse von bester Qualität, das keine Druck- oder Faulstellen aufweist. Auch eine lange Lagerung schadet dem Kochgut, weshalb es immer schnellstmöglich verarbeitet werden sollte. Kaufen und ernten Sie nur so viel, wie Sie direkt verarbeiten können. Entstielen, entsteinen und schneiden Sie Ihr Obst und Gemüse erst, wenn es anschließend ohne großen Zeitverlust in die Gläser wandert. Machen Sie sich einen schönen Nachmittag mit Ihren Freunden, denn gemeinsam haben Sie in der Küche noch mehr Spaß, und die fleißigen Helfer lassen sich bestimmt nur zu gern mit Naturalien entlohnen.

Man muss beim Einkochen auf penible Sauberkeit achten. Waschen Sie das Obst und Gemüse immer unter fließend kaltem Wasser. Die Gläser müssen frisch gespült sein (am besten in der Geschirrspülmaschine) und die Gummiringe sollten für 10 Minuten in Essigwasser (nie in Spülmittelwasser!) ausgekocht werden. Beim Einfüllen des Kochguts darf der Glasrand nicht verschmutzt werden. Falls Ihnen das doch einmal passiert, wischen Sie den Glasrand einfach mit einem sauberen Geschirrtuch ab. Verwenden Sie zum Einfüllen ins Glas am besten einen speziellen Trichter mit weiter Mündung.

Das Einmachgut muss möglichst dicht in das Glas gefüllt oder geschichtet werden. Damit keine Luft darin verbleibt, klopfe ich mit dem gefüllten Glas einige Male sanft auf den Küchentisch. Dadurch können kleine Lufteinschlüsse noch entweichen. Anschließend stellen Sie alle Gläser in den Topf. Dabei sollten sie fest stehen können, sich aber auf keinen Fall miteinander „verkeilen“. Beim Wassereinfüllen müssen Sie darauf achten, dass die Wassertemperatur der Temperatur des Kochguts in den Gläsern entspricht. Das heißt, Sie müssen bei kalten Gläsern kaltes Wasser und bei Gläsern, deren Inhalt heiß oder warm ist, warmes Wasser in den Topf füllen. Die Gläser sollten etwa dreiviertelhoch im Wasserbad stehen. Sie können die Gläser aber auch aufeinanderstellen, dann muss die oberste „Lage“ Gläser dreiviertelhoch im Wasser stehen, während die unteren Gläser völlig mit Wasser bedeckt sind. Nach Ablauf der Kochzeit müssen Sie die heißen Gläser sofort mit dem Glasheber aus

dem Topf holen. Stellen Sie die Gläser auf ein sauberes Geschirrtuch und lassen Sie sie an einem zugluftfreien Platz ab- und auskühlen. Die Gläser sollten zum Erkalten keinesfalls im Topf bleiben, denn durch die Restwärme von Wasser und Topf würde sich die Garzeit unerwünscht verlängern.

Wenn die Gläser völlig kalt sind, entfernen Sie die Klammern. Der Deckel sitzt jetzt fest auf dem Glas. Prüfen Sie von Zeit zu Zeit, ob die Gläser noch dicht verschlossen sind. Im Einzelfall kann es vorkommen, dass sich ein Deckel vom Glas löst. Dann besteht die Gefahr, dass das Kochgut verdorben ist – es darf deshalb nicht mehr verwendet werden. Die fertigen Gläser mit Eingemachtem sollten Sie an einem kühlen, dunklen Ort lagern – keine direkte Sonneneinstrahlung und keine frostigen Räume.

EINFRIEREN

Haben Sie zu viel eingekauft, oder der Garten beglückt Sie wieder mal mit einer zu großen Menge von Obst und/oder Gemüse, dann waschen, entsteinen, entstielen, schneiden und (falls nötig) blanchieren Sie alles und frieren es ein. Auch hier schwöre ich wieder auf meine Gläser, da das Gefriergut keinen Gefrierbrand bekommt und auch keinen Fremdgeschmack annimmt. Auf diese Weise können Sie Beerenobst besonders gut einfrieren und bei Bedarf jeweils auch portionsweise aus dem Glas nehmen; geschnittene Kräuter können im gefrorenen Zustand über Salat und Saucen gestreut werden. So zaubern Sie zu jeder Jahreszeit eine Portion Sonnengarten-Vitamine auf die Teller.

DÖRREN/TROCKNEN VON OBST UND KRÄUTERN

Falls Sie einen Dörrautomaten haben, können Sie Obst und Gemüse ganz einfach trocknen. Es ist fertig, wenn auf Druck kein Fruchtsaft mehr austritt und sich das Obst und Gemüse noch biegen lässt.

An heißen Sommertagen können Sie das in Scheiben geschnittene Obst oder Gemüse auch auf ein mit Backpapier ausgelegtes Backblech legen und es in die Sonne stellen. Mit einem Fliegennetz abgedeckt, kann es dort bis zum Abend trocknen und sollte dann wieder ins Haus zurückgebracht werden. Gegebenenfalls müssen Sie diesen Vorgang mehrere Tage lang wiederholen. Das gleiche Ergebnis erzielen Sie auch im Backofen (bei maximal 50 °C Ober- und Unterhitze). Lassen Sie die Ofentür einen kleinen Spalt offen (Kochlöffel einklemmen), damit die austretende Feuchtigkeit entweichen kann. Allerdings wird sich das Dörren mit dieser Methode möglicherweise über viele Stunden hinziehen.

Kräuter können Sie zudem in einem luftigen, trockenen Dachboden zum Trocknen aufhängen. Binden Sie aber am besten keine Kräuterbündel, wie man sie von früher kennt, da diese im Inneren schnell zu schimmeln anfangen. Besser ist es, wenn Sie die frischen Kräuter einzeln an einer Schnur aufhängen und sie erst im trockenen Zustand zu einem Sträußchen zusammenfügen. Kräuter sind dann ausreichend trocken, wenn sie beim Berühren rascheln.

Alle getrockneten Produkte können Sie dekorativ in Gläser (oder in schöne Papiertüten) füllen und dadurch für längere Zeit haltbar machen. Bei Plastikgefäßen besteht die Gefahr, dass sich darin Schwitzwasser bildet und die Lebensmittel verderben.

MARMELADE, KONFITÜRE & GELEE

Um ein gutes Ergebnis zu erzielen, brauchen Sie unbedingt makellose, gut gereifte und bei trockenem Wetter geerntete Früchte. Stängel und Kelche werden am besten erst unmittelbar vor der Weiterverarbeitung entfernt.

Wenn Sie Aufstriche herstellen, empfehle ich Ihnen, mit Gelierzucker im Verhältnis 2:1 zu arbeiten. Die Angabe 2:1 bedeutet 2 Teile Frucht, 1 Teil Zucker. Lesen Sie sich immer die Packungshinweise durch und halten Sie sich genau an die angegebenen Mengen und Kochzeiten. Falls Sie Haushaltszucker zum Haltbarmachen verwenden, kann es sein, das der Aufstrich einen leicht bräunlichen Farbton bekommt.

Wer ganz auf Chemie und tierische Inhaltsstoffe verzichten möchte, kann sich im Bio-Laden Apfelpektin oder Agar-Agar kaufen und seine Marmeladen etc. damit gelieren.

Bei der Herstellung von Aufstrichen verzichte ich auf das Einkochen im Glas, da es sich bewährt hat, die Konfitüre heiß in saubere(!) Gläser zu füllen und diese sofort zu

verschließen. Um später beim Öffnen der Gläser keine böse Überraschung zu erleben, sollten Sie vor dem Abfüllen Ihrer jeweiligen neuen Kreation stets eine Gelierprobe machen: Geben Sie dazu einen kleinen Teelöffel von der heißen Masse auf einen kalten Teller. Wenn die Masse beim Abkühlen dicklich wird und eine Haut bildet, ist sie gut gelungen und kann in die Gläser gefüllt werden.

Verwenden Sie zum Kochen von Marmeladen, Konfitüren und Gelees einen möglichst großen Topf, der maximal bis zur Hälfte mit Früchten gefüllt sein darf. Die Obstmasse schäumt beim Kochen manchmal auf, und bei einem zu vollen Topf besteht die Gefahr, dass sie überläuft.

Beschriften Sie die fertigen Gläser gleich nach dem Abkühlen mit Inhalt und Datum (Etiketten haben sich bewährt), denn dann erleben Sie keine Überraschungen, und auch ein Beschenkter freut sich, wenn er weiß, was er wirklich bekommen hat.

HALTBARMACHEN MIT ALKOHOL

Alkohol mit einem Gehalt von mindestens 40 % (Volumenprozent) eignet sich hervorragend, um den sommerlichen Geschmack von Früchten zu bewahren, so etwa bei der Herstellung von Likören oder Süßweinen.

HALTBARMACHEN MIT ÖL

In Öl kann man fast alles konservieren. Es ist wichtig, dass das Einlegegut vollständig mit Öl bedeckt ist (ansonsten Schimmelgefahr!). Verwenden Sie nur hochwertiges, am besten geschmacksneutrales Öl (kein Olivenöl). Für den Auszug sollten Sie das Öl an einem zimmerwarmen Ort aufbewahren und die Flasche täglich schütteln. Direkte Sonneneinstrahlung müssen Sie unbedingt vermeiden. Wenn Sie nach der „Ziehzeit" das Öl in schöne saubere Flaschen umfüllen, sollten diese bis zum Verbrauch kühl und dunkel gelagert werden.

HALTBARMACHEN MIT ESSIG

Ähnlich wie beim Öl können Sie Ihrer Fantasie freien Lauf lassen und zahlreiche verschiedene Lebensmittel in Essig einlegen. Häufig werden Kräuter verwendet. Sie können aber auch Hagebutten, Schlehen, Himbeeren und noch vieles mehr auf diese Weise haltbar machen. Auch hier gilt: In Essig Eingelegtes während der „Ziehzeit" zimmerwarm und anschließend kühl und dunkel lagern.

WIE STELLT MAN SÄFTE HER?

ZUTATEN

Reifes Obst

ZUBEREITUNG

Eigenen Saft zu pressen und haltbar zu machen, ist wirklich einfacher, als Sie vermutlich denken. Man braucht nur etwas Zeit. Ich wende diese Zeit aber sehr gerne auf, denn der selbst gemachte Saft ist einfach unvergleichlich – da kann kein gekauftes Produkt mithalten! Völlig ohne Zucker, Konservierungs- und andere Zusatzstoffe kommt der Saft in die Flaschen. Es macht allerdings kaum Sinn, selber Saft zu pressen, wenn Sie kein oder nur sehr wenig eigenes Obst haben und auf gekauftes zurückgreifen müssten. Fragen Sie Ihre Freunde, Bekannten und Nachbarn, ob nicht alle ihre Ernten zusammenlegen und an einem bestimmten Tag gemeinsam ein kleines „Saft-Event" veranstalten wollen. Kindern macht das Saftpressen besonders viel Spaß.

Für Ihre eigene Saftproduktion folgen Sie einfach diesen vier Schritten:

1. Obst sammeln: Für Saft besonders gut und geeignet ist natürlich der Apfel. Es geht aber auch prima mit Birnen, Kirschen, Trauben usw. Ernten Sie die Äpfel aber nicht zu früh, damit sich ihr volles Aroma entfalten kann. Sie können die Äpfel ein, zwei Tage vor dem Pressen sammeln und in luftdurchlässigen Säcken aufbewahren. Ich verfeinere meinen Apfelsaft immer mit ein paar Birnen oder Quitten. Das gibt einen ganz besonders feinen Geschmack. Falls Sie einen Weinstock am Haus ranken haben, können Sie auch ein paar Träubchen mitpressen.

2. Vorbereiten des Obsts: Waschen Sie das Obst in einer großen Wanne und verlesen Sie die Früchte ganz genau. Keinesfalls dürfen verdorbene Früchte den Saft verunreinigen. Nun muss das Obst mitsamt Schale, Stiel und Kerngehäuse zerkleinert werden. Hierfür eignet sich am besten ein elektrischer Muser/Häcksler. Fragen Sie eventuell in einem Obst- und Gartenbauverein nach, ob man Ihnen dort ein solches Gerät ausleiht. Kleinere Mengen Obst lassen sich auch ohne Weiteres von Hand in kleine Stücke schneiden.

3. Saftgewinnung: Das zerkleinerte Obst sollte so schnell wie möglich gepresst werden, damit es nicht braun wird (oxidiert) und seine guten Inhaltsstoffe behält. Für größere Mengen brauchen Sie eine Obstpresse. Kleinere Mengen können Sie in einem haushaltsübli-

chen Heißentsafter entsaften. Sie können sich aber auch an eine Mosterei wenden, denn dort presst man gegen ein geringes Entgelt den Saft aus dem von Ihnen mitgebrachten Obst.

4. Haltbar machen: Seihen Sie Ihren Saft durch ein feinmaschiges Sieb ab, damit möglicherweise darin vorhandene Schwebstoffe herausgefiltert werden. Haben Sie mithilfe der Saftpresse kalten Saft gewonnen, muss dieser nun auf 80 °C erhitzt und sofort mit Schöpflöffel und Trichter in saubere (wichtig!) Flaschen abgefüllt werden. Achten Sie beim Abfüllen ganz besonders darauf, dass die Flaschen wirklich randvoll sind. Der Saft sollte innerhalb eines Jahres verbraucht werden.

Eine gute Alternative zu Glasflaschen bieten die Bag-in-Box-Systeme, die Sie ja vielleicht schon vom „Wein im Plastikschlauch“ her kennen. Dabei wird der heiße Saft in einen Kunststoffbeutel gefüllt und ist dadurch vakuumverpackt. Die Größe der Beutel richten Sie am besten an der Zahl Ihrer Lieben aus (es gibt Beutel mit 3, 5, 10 und 20 Liter Fassungsvermögen). Der Beutel hat ein praktisches Auslassventil und kommt zum Schutz in einen wiederverwendbaren Pappkarton mit passender Öffnung für den Zapfhahn. Der Saft hält sich in einem solchen Beutel angebrochen drei Monate und ungeöffnet sogar bis zu drei Jahre.

BEVOR SIE LOSLEGEN ...

„... möchte ich Ihnen noch etwas mit auf den Weg geben, das mir sehr am Herzen liegt: Wenn Sie in freier Wildbahn auf Kräutersuche gehen, ernten Sie bitte nur solche, die Sie auch wirklich kennen (ein Pflanzenbestimmungsbuch ist da sehr hilfreich) und nehmen Sie nur so viel mit, wie Sie verarbeiten können. Sammeln Sie nur an Orten, von denen Sie sicher wissen, dass sie nicht konventionell landwirtschaftlich genutzt werden, denn hier sind die Kräuter unter Umständen mit Pestiziden belastet. Auch Straßenränder und Hundespazierwege sollten Sie meiden. Halten Sie am besten in Ihrem eigenen Garten Ausschau oder fragen Sie Ihren Nachbarn, ob Sie ihm bei der „Beikräuterernte" (Ihr Nachbar sagt „Unkrautjäten" dazu) behilflich sein dürfen. Uferböschungen und Waldränder sind ebenfalls hervorragende „Jagdreviere".

Nehmen Sie niemals alle Kräuter von einer Stelle mit – betreiben Sie also bitte keinen Raubbau. Wenn Sie im Ungewissen sind, ob die betreffende Pflanze unter Naturschutz steht, lassen Sie sie auf jeden Fall unangetastet. Beim Sammeln von Wildfrüchten (Heckenfrüchte wie beispielsweise Schlehen, Hagebutten, Ebereschen) sollten Sie sich wirklich völlig sicher sein, dass es sich um die gewünschten Früchte handelt. Manche Wildfrüchte kann man leicht mit giftigen Beeren verwechseln. Überprüfen Sie deren Ungefährlichkeit im Zweifel bitte noch einmal anhand von Ratgebern (Naturführern) oder Infos und Bildern im Internet.

Geht man über eine Streuobstwiese und sieht, in welcher Fülle das Obst an den Bäumen hängt, ist die Verlockung groß, sich von den reifen Köstlichkeiten zu bedienen. In manchen Jahren werden wir mit einer so reichen Ernte beschenkt, dass das Fallobst oft zentnerweise am Boden liegt. Aber Achtung: Eine Streuobstwiese ist kein Selbstbedienungsladen, und auch diese Bäume haben Eigentümer. Fragen Sie in Ihrem Freundes- und Bekanntenkreis nach, wer Obst zu verschenken hat oder wenden Sie sich an die Kommune: Meist können die Gemeindebäume sehr kostengünstig abgeerntet werden.

Kleine Plastiktüten (Gefrierbeutel) haben sich zum Sammeln bewährt. Sie können das Sammelgut vorsichtig hineinlegen und die Tüte dann mit einem Knoten verschließen. Auf diese Weise werden die Kräuter und Beeren beim Transport nicht beschädigt. Beim Kräutersammeln achte ich penibel darauf, dass ich sortenrein sammle. Ich nehme für jede Art von Pflanze eine neue Tüte, und zu Hause überprüfe ich dann nochmals ganz genau, ob sich nicht ein „Fremdling" eingeschlichen hat. Sie können die Tüten auch in den Kühlschrank (am besten eignet sich das Gemüsefach) legen, der Inhalt bleibt so noch für ein bis zwei Tage frisch. Natürlich eignen sich auch Körbchen zum Sammeln.

DIE GRUNDAUSSTATTUNG

Um Lebensmittel haltbar zu machen, brauchen Sie eigentlich keine besondere Ausrüstung:

Schneidebrett, scharfes Küchenmesser, diverse Schüsseln, „Flotte Lotte" (Passiermühle oder ein grobmaschiges Sieb), feines Sieb, Mixer, Küchenwaage, Messbecher, Trichter, Topflappen, Geschirrtücher, Gläser & Flaschen, Einwecktopf oder großen Edelstahltopf, Thermometer, Glasheber

DAS RICHTIGE GLAS

Ich selbst benutze fast ausschließlich Original-Weckgläser mit Gummiringen und Klammern. Hier kann ich von Zeit zu Zeit prüfen, ob der Deckel noch fest auf dem Glas sitzt. Einmachgläser gibt es von verschiedenen Firmen und in den unterschiedlichsten Größen.

Natürlich lassen sich auch Twist-off-Gläser (Gläser mit Schraubverschluss) verwenden. Hier können Sie allerdings keine Deckelprobe (Dichtheit) machen. Hat sich ein Vakuum gebildet, wölbt sich der Deckel ganz leicht nach innen. Twist-off-Gläser müssen beim ersten Öffnen ein knackendes Geräusch von sich geben. Sollte ein Schraubglas mit Eingekochtem ganz leicht zu öffnen und dabei auch kein Geräusch zu hören sein, essen Sie den Inhalt lieber nicht mehr. Twist-off-Gläser eignen sich am besten für Marmelade, Würzsaucen, Salze, Kräuter und Pestos.

FRÜHLING

DIE FRÜHLINGSWIESE

"Endlich Frühling!, denke ich meistens irgendwann im März. Naja, so richtig Frühling ist es dann doch noch nicht, aber die Sonne schickt ihre ersten warmen Strahlen, und ich laufe von da an dauernd durch die Wiesen, immer auf der Suche nach den ersten grünen Kräutlein. Schon als Kind konnte ich es kaum erwarten, dass der Schnee nach den langen, kalten Wintertagen endlich schmolz und die ersten Schneeglöckchen und Winterlinge ihre Köpfchen zeigten. Aus den ersten Gänseblümchen haben wir uns immer schöne Haarkränze gebunden, und wenn dann noch die Schlüsselblumen unsere Streuobstwiesen mit ihren gelben, süßlich duftenden Blüten schmückten, waren wir ganz sicher: Winter ade, Frühling juchee!

In Notzeiten war es für die Bevölkerung überlebenswichtig, sich mit frischen, vitaminreichen Kräutern zu versorgen. Ganz besonders im zeitigen Frühjahr mussten die Defizite des langen Winters ausgeglichen werden. Heute leben wir im Überfluss, und kaum jemand von uns hat es noch nötig, sich seine Vitamine von einer Wiese zu holen. Dennoch können wir unserem Körper kaum etwas Besseres bieten als die frischen, leichten und vitaminreichen Gerichte, die ihn nach all der

Winterschlemmerei wieder auf Vordermann bringen. Leider haben wir in den letzten Jahrzehnten immer mehr verlernt, mit welchem Reichtum uns die Natur beschenkt.

Die Faszination, die Natur und ihre Jahreszeiten zu beobachten, begleitet mich also schon seit meiner Kindheit. Aber seit meiner Weiterbildung zur Kräuterpädagogin sehe ich nicht nur die Schönheit der Wiesen, sondern nutze die Pflanzen auch so oft wie möglich in meiner Küche. Das gesunde Grün kann einfach gepflückt und auf den Teller gebracht werden. Ohne lange Transportwege, ohne Chemie und völlig kostenlos.

Ich wohne direkt neben dem Pfarrhaus. Auf einem meiner Frühlingsspaziergänge schaute mich einmal durch den Gartenzaun ein ganz kleiner Giersch an. Und da ein Giersch selten alleine steht, musste ich nicht lange suchen. Was mir auf der Pfarrgartenwiese alles geboten wurde, ließ mein Kräuterherz vor Freude hüpfen: Giersch, Scharbockskraut, Spitzwegerich, Knoblauchsrauke, Gänseblümchen und sogar zarte Veilchenköpfe spitzten aus dem Boden. Ein Körbchen voll war schnell gepflückt, und seither beginne ich das Kräuterjahr immer mit einem leckeren „Pfarrgartenpesto“.

PFARRGARTENPESTO

ZUTATEN

3 Handvoll frische Kräuter (Bärlauch, Giersch, Scharbockskraut und Knoblauchsrauke)
Hochwertiges Raps- oder Sonnenblumenöl
½ TL Salz
100 g würziger Hartkäse, fein gerieben

Ergibt 2 Gläser à 250 ml

ZUBEREITUNG

1. Sämtliche Kräuter in einem Mixer pürieren und mit so viel gutem Raps- oder Sonnenblumenöl aufgießen, bis alles reichlich mit Öl bedeckt ist.

2. Das Salz und den fein geriebenen Hartkäse unterrühren – und schon ist das Pesto fertig.

Ja, ich weiß, in ein echtes italienisches Pesto gehören noch geröstete Pinienkerne und Parmesan. Aber weil in Burgbernheim keine Pinien wachsen, verzichte ich auf die Kerne. (Wer mag, kann aber ein paar fettfrei in der Pfanne geröstete und zerkleinerte Wal- oder Haselnüsse dazugeben.) Da ich immer Wert auf regionale Produkte lege, verwende ich keinen Parmesan, sondern einen regionalen würzigen Hartkäse und reibe ihn sehr fein.

Dieses Pesto aus den ersten Frühlingskräutern ist so schmackhaft und aromatisch, dass es keine weiteren Zutaten mehr braucht. Probieren Sie es aus!

FRÜHLINGSKRÄUTERSALZ

ZUTATEN

30 g Brennnesselblätter
20 g Sellerieblätter
20 g Liebstöckelblätter
20 g wilder Majoran (Blätter und Blüten)
20 g Löwenzahnblätter
30 g Oregano
10 g Salbei
10 g Thymian
30 g getrockneter Bärlauch
1 kg Salz

Ergibt ungefähr 1,2 Kilo

Sie können die Kräuter ganz nach Ihrem Geschmack variieren. Von dem einen mehr, von dem anderen weniger. Auch getrocknete essbare Blüten, wie Lavendel oder Ringelblume, geben einen besonderen Geschmack und sehen toll aus. Ihrer Kreativität sind keine Grenzen gesetzt.

ZUBEREITUNG

1. Zunächst müssen alle Kräuter getrocknet werden (an der Luft, in der Sonne oder im Backofen). Danach werden sie – ohne Stiele oder sonstige grobe Teile – zusammen mit einem Kilo Salz fein zermixt (kleine Mengen im Mörser, große Mengen im Mixer).

Wichtig: Immer Salz und Kräuter gemeinsam mixen, denn das Salz nimmt beim Mixvorgang sofort die austretenden Aromen der Kräuter auf.

2. Alternativ können Sie die Kräuter auch im frischen Zustand mixen. Dazu schneiden Sie die gesammelten Kräuter erst etwas klein und pürieren sie anschließend zu einem dünnen, glatten Mus. Dem fügen Sie nach und nach das Salz hinzu. Das feuchte Kräutersalz muss nun dünn auf ein Backblech gestrichen und für mindestens 3 Stunden im Backofen bei etwa 50 °C getrocknet werden. Die Backofentür sollte einen kleinen Spalt geöffnet bleiben, damit die austretende Feuchtigkeit entweichen kann. (Das klappt gut, wenn Sie einen Kochlöffel in die Tür einklemmen.) Ist die Masse trocken, geben Sie sie nochmals in den Mixer und pulverisieren Sie das Kräutersalz. Sie werden von der herrlichen grünen Farbe begeistert sein!

3. Das fertige Kräutersalz füllen Sie am besten in ein gut schließendes Schraubglas und verbrauchen es innerhalb eines Jahres. Kräutersalz lässt sich sowohl frisch über die Speisen streuen als auch mitkochen.

Salz

GIERSCH-LIMO

ZUTATEN

10 kleine bis mittlere Gierschstängel
1 kleine Gundermannranke
1 Minzestängel
2–3 Lavendelblüten
1 Melissestängel
500 ml Apfelsaft
1 Bio-Zitrone, nur der Saft, frisch gepresst
500 ml Mineralwasser, gekühlt
1 kleine Handvoll frische Beeren (z. B. Erdbeeren, Himbeeren, Blaubeeren oder Johannisbeeren) zum Dekorieren

Für gut 1 Liter Limonade

Mit Eiswürfeln und bunten Strohhalmen wird daraus ganz schnell ein leckerer Kinder-Cocktail.

ZUBEREITUNG

1. Alle Kräuter (diese können Sie nach Belieben variieren) waschen und zu einem kleinen Sträußchen zusammenbinden.

2. Mit dem Nudelholz (Teigroller) kräftig „anquetschen" und für mindestens 3 Stunden in den Apfelsaft hängen.

3. Den Strauß herausnehmen, den Zitronensaft und das gekühlte Mineralwasser zugießen.

4. Mit den Beeren dekorieren. Kühl servieren.

GÄNSEBLÜMCHENGELEE MIT GUNDERMANN

ZUTATEN

200 g Gänseblümchenköpfe
750 ml kaltes Wasser
500 g Gelierzucker 2:1
2–3 Gundermannstängel

Ergibt 4 Gläser à 200 ml

ZUBEREITUNG

1. Die Gänseblümchenköpfe mit dem Wasser übergießen und über Nacht ziehen lassen.

2. Anschließend alles einmal kräftig aufwallen und etwa 10 Minuten lang leise köcheln lassen, dann durch ein Sieb abseihen, auffangen.

3. Rühren Sie den Gelierzucker in die aufgefangene, gut abgekühlte Flüssigkeit ein und kochen Sie das Ganze nach der Packungsanleitung.

4. Pflücken Sie die Blätter und Blüten vorsichtig von den Gundermannstängeln ab und verteilen Sie sie auf die vorbereiteten Gläser.

5. Gießen Sie die heiße Geleemasse randvoll in die Gläser, verschließen Sie diese fest und stellen Sie sie danach für einige Minuten auf den Deckel. So werden sich die Gundermannblätter und -blüten dekorativ in dem ganzen Gelee verteilen.

GÄNSEBLÜMCHEN
GUNDERMANN
made
with

GÄNSEBLÜMCHENKAPERN

ZUTATEN

2 Handvoll Gänseblümchen-Blütenknospen
50 ml milder Essig
150 ml Wasser
1 TL Zucker
¼ TL Frühlingskräutersalz (Rezept siehe S. 26)

Ergibt 1 Glas à 250 ml

Alternativ können Sie auf dieselbe Weise auch Löwenzahn- oder Bärlauchknospen einlegen.

ZUBEREITUNG

1. Essig, Wasser, Zucker und Salz in einem Kochtopf vermischen, die Knospen hinzufügen, den Sud aufwallen und dann 3 Minuten lang kochen lassen.

2. Die Knospen mit einem Schaumlöffel aus dem Essigsud heben, in das Glas füllen, die kochend heiße Flüssigkeit darübergießen und das Glas fest verschließen. Die Knospen müssen vollständig mit dem Sud bedeckt sein.

3. Die Knospen müssen jetzt für mindestens einen Monat ruhen. Sie sind rund ein Jahr lang haltbar.

Genießen Sie die fertigen Gänseblümchenkapern auf einem Butterbrot oder peppen Sie mit ein paar davon Ihre Pizza auf.

ERDKAMMERSIRUP

ZUTATEN

2 Handvoll junge, makellose Spitzwegerichblätter
500 g Bio-Honig

Ergibt 1 Glas (500 ml Inhalt)

ZUBEREITUNG

1. Den Spitzwegerich waschen, trocknen und quer zur Blattrippe klein schneiden.

2. Den geschnittenen Spitzwegerich und den Honig abwechselnd in ein Glas schichten. Am Ende muss der Spitzwegerich komplett mit Honig bedeckt sein. (Ganz wichtig, denn ansonsten besteht Schimmelgefahr!)

3. Das Glas gut verschließen und zusätzlich in einen Gefrierbeutel packen, damit es nicht mit der Erde in Berührung kommt.

4. Im Garten ein 50 bis 70 Zentimeter tiefes Loch graben, den Erdkammersirup hineinstellen und mindestens 3 Monate lang ruhen lassen. Durch die gleichbleibende Temperatur der Erde werden die Inhaltsstoffe des Spitzwegerichs langsam und gleichbleibend an den Honig abgegeben.

5. Danach den fertigen Sirup durch ein Sieb filtern und in saubere Flaschen füllen.

Wer keinen Garten hat, kann das Glas auch im Kühlschrank aufbewahren – am besten im Gemüsefach.

Zugegeben, als ich das erste Mal von diesem Erdkammersirup gehört habe, musste ich schon ein bisschen schmunzeln. Wer gräbt in seinem Garten ein 70 Zentimeter tiefes Loch und vergräbt seinen Sirup darin? Als ich mich dann aber näher mit den Inhaltsstoffen des Spitzwegerichs auseinandergesetzt und von seinen einmaligen positiven Eigenschaften gegen Husten gehört habe, wollte ich es auf einen Versuch ankommen lassen. Der Sirup war schnell hergestellt und auch schnell „beerdigt". Meine kleine Nichte bekam dann im Frühherbst einen hartnäckigen Husten, der einfach nicht mehr weggehen wollte. Ich erinnerte mich wieder an das „Sirupgrab", und wir zogen zusammen los – mit Spaten und Gummistiefeln bewaffnet. Schon alleine das Erlebnis, das Glas auszubuddeln, hat der Kleinen solch eine Freude gemacht, dass selbstredend auch der Husten keine Chance mehr hatte.

WILDKRÄUTERSTÄNGERLI

ZUTATEN

Eine Handvoll Kräuter nach Wahl: Es eignen sich Brennnessel, Giersch, Gundermann, Bärlauch ...
150 g würziger Hartkäse
150 g Dinkelmehl
200 g Weizenmehl Type 405
1 TL Kräutersalz
250 g Magerquark
200 g Butter, kalt
1 Eiweiß

Reicht für 6–8 Personen als kleiner Snack

ZUBEREITUNG

1. Die Kräuter bei Bedarf waschen und gut trocknen. Alle groben Teile entfernen und die Kräuter fein schneiden.

2. Den Käse fein reiben.

3. Dinkel- und Weizenmehl mit dem Kräutersalz in einer Schüssel mischen, dann den Quark hinzufügen.

4. Die kalte Butter in kleine Flöckchen schneiden und ebenfalls dazugeben.

5. Alles so lange verkneten, bis ein elastischer Teig entstanden ist. Am Schluss 50 Gramm Käse (ein Drittel der angegebenen Käsemenge) und die Wildkräuter kurz mit einarbeiten. Ist der Teig zu weich, noch etwas Mehl hinzufügen.

6. Den Teig zu einer Kugel formen und abgedeckt im Kühlschrank mindestens 1 Stunde ruhen lassen.

7. Den Backofen auf 200 °C (Ober- und Unterhitze; Umluft 180 °C) vorheizen.

8. Den Teig in gleichgroße Stücke teilen und daraus Stangen rollen (entweder runde Stangen à la Grissini oder auch gerne in sich gedrehte wie Flutes). Diese mit Eiweiß bestreichen, mit dem restlichen Käse bestreuen und im Ofen etwa 12 Minuten backen lassen. Sie sind fertig, sobald sie leicht braun werden.

9. Abkühlen lassen und frisch servieren.

Bei uns werden die „Stängerli" zum Begrüßungssekt gereicht ...

BÄRLAUCH

„In meinem Heimatdorf gibt es noch einen richtigen Braunbären. Als Kind hatte ich immer große Angst, an ihm vorbeizugehen, und noch heute läuft mir ein kleiner Schauer über den Rücken, wenn ich donnerstags zum Stammtisch ins Wirtshaus gehe und an Meister Petz vorbeikomme. Seit ich denken kann, steht er im Eingangsbereich des Waldgasthofs Wildbad und begrüßt alle Gäste von nah und fern.

Den Bären wird nachgesagt, dass sie sich nach dem langen, kräftezehrenden Winterschlaf als Erstes mit frischen Bärlauchblättern stärken, um ihren Körper mit Energie zu versorgen und wieder in Schwung zu bringen. Auch uns Menschen dient der frische Bärlauch als Frühjahrskur. Er hat im Wesentlichen die gleiche Wirkung wie Knoblauch, ist aber milder im Geschmack.

Geht man im Frühjahr in Burgbernheim von diesem ausgestopften Braunbären weg nur einige wenige Schritte in den noch lichten Buchenwald, weht einem der knoblauchartige Geruch des Bärlauchs schon fast entgegen. Bärlauch wächst meistens an Bachläufen in feuchten, schattigen Laub- und Buchenwäldern und bildet dort im Lauf der Zeit ganze Teppiche. Von der Pflanze können Sie grundsätzlich alle Teile verwenden. Doch achten Sie

beim Pflücken darauf, immer nur ein einziges Blatt von einem Trieb zu nehmen, damit die Pflanze über die restlichen Blätter genügend Energie an die Zwiebel abgeben und so auch im nächsten Jahr wieder austreiben kann.

Bärlauch kann man sehr leicht mit anderen, giftigen (!) Pflanzen verwechseln. Verlassen Sie sich daher bei Ihrer Ernte nicht nur auf den Geruch, denn sobald Sie einige Bärlauchblätter gepflückt haben, tragen Ihre Finger den typischen Knoblauchgeruch. Infolgedessen können für Sie auch giftige Pflanzen nach Bärlauch riechen – also taugt der Geruch nicht mehr als Unterscheidungsmerkmal. Besonders oft wird Bärlauch mit dem giftigen Aronstab, den Herbstzeitlosen oder mit Maiglöckchenblättern verwechselt. Sehen Sie sich die Pflanzen deshalb ganz genau an und pflücken Sie mit Bedacht immer Blatt für Blatt. Schneiden Sie niemals ganze Büschel auf einmal ab, damit Sie keine fremden Pflanzen miternten.

Bärlauch steht fast nie einzeln, sondern wächst immer in großen, dichten Beständen. Er schiebt seine zunächst eingerollten Blätter auf beiden Seiten einzeln aus dem Boden. Die Blätter glänzen auf der Oberseite, diese ist auch von einem etwas dunkleren Grün, auf der Unterseite hingegen sind sie matt. Auf der Unterseite lässt sich auch eine deutlich spürbare Mittelrippe ertasten. Bricht man ein Blatt, so hört man ein deutliches „Knacken". Steht der Bärlauch dann in Blüte, ist die Verwechslungsgefahr eher gering: Aus einem bis zu 40 Zentimeter hohen Stiel entspringt ein halbkugelig wirkender strahlend weißer Blütenstand.

Bärlauchblätter lassen sich gut einfrieren. Infolge seiner starken ätherischen Öle kann es allerdings vorkommen, dass dann der ganze Gefrierschrank danach riecht. Deshalb empfehle ich, den Bärlauch in gut verschließbaren Gläsern einzufrieren. Er eignet sich auch ganz hervorragend zum Trocknen.

BÄRLAUCHESSIG

ZUTATEN

10 Bärlauchblätter
2 TL Bio-Honig
1 l Weißweinessig

Für gut 1 Liter

ZUBEREITUNG

1. Den Bärlauch waschen und trocknen.

2. Die zwei Teelöffel Honig in ganz wenig lauwarmem Wasser auflösen.

3. Die Bärlauchblätter in breite Streifen schneiden und in eine helle Flasche geben.

4. Den aufgelösten Honig und den Essig darübergießen, die Flasche verschließen und das Ganze kräftig schütteln. Das Schütteln täglich wiederholen.

5. Nach einer Woche können Sie den Bärlauchessig durch ein Sieb filtern und in schöne saubere Flaschen abfüllen.

BÄRLAUCHÖL

ZUTATEN

20 Bärlauchblätter
1 l gutes Olivenöl („Extra Vergine")

Für gut 1 Liter

Geben Sie einige Tropfen Bärlauchöl auf ein Butterbrot und genießen Sie den herrlichen Geschmack.

ZUBEREITUNG

1. Den Bärlauch waschen und trocknen.

2. Die Bärlauchblätter in breite Streifen schneiden und in eine Flasche geben.

3. Das Olivenöl darübergießen und die Mischung an einem kühlen Ort mindestens 3–4 Wochen ziehen lassen. Immer wieder kontrollieren, ob der Bärlauch auch ganz mit Öl bedeckt ist (ansonsten besteht Schimmelgefahr!). Nach der „Ziehzeit" das Öl durch ein Sieb abseihen und in schöne Flaschen füllen.

ESSIG
ÖL

Bärlauch

BÄRLAUCHSENF

ZUTATEN

150 g gelbe Senfkörner
50 g schwarze Senfkörner
100 g Bärlauch
200 ml Wasser
250 ml Apfelessig
70 g Bio-Honig
2 TL Kräutersalz
1–2 EL Olivenöl

Ergibt 3 Gläser à 250 ml

Anstelle von Bärlauch können Sie auch Knoblauchsrauke, Brunnenkresse, Wiesenschaumkraut oder gemischte Wildkräuter verwenden.

ZUBEREITUNG

1. Die Senfkörner über Nacht einfrieren und am nächsten Tag fein mahlen. Die Körner dürfen nicht heiß werden (was beim Mahlen schnell passieren kann!), denn sonst schmeckt der Senf bitter. Wer möchte, kann die Körner auch im Mörser zerstoßen und zermahlen (ist sehr mühsam) oder gekauftes Senfmehl verwenden.

2. Den Bärlauch zu einer Paste verarbeiten (oder sehr fein schneiden) und in eine Kasserolle geben.

3. Alle übrigen Zutaten hinzufügen und alles gut miteinander vermischen.

4. Nun die Masse langsam erhitzen und anschließend bei milder Hitze unter ständigem Rühren einige Minuten garen.

5. Den fertigen Senf in vorbereitete saubere Gläser füllen und diese sofort verschließen. Bärlauchsenf ist am Anfang sehr scharf und muss daher mindestens 2 Wochen im Kühlschrank reifen. Dann ist er genussfertig.

Original verschlossen hält sich der Senf im Kühlschrank mindestens 6 Monate, der Inhalt eines angebrochenen Glases sollte aber innerhalb von 3–4 Wochen verbraucht werden.

GEWÖHNLICHER LÖWENZAHN

„Dass sich viele Gartenbesitzer immer so fürchterlich über den Löwenzahn im Rasen aufregen, kann ich gar nicht verstehen. Ich freue mich jedes Mal, wenn die Pflanzen im Frühjahr ihre ersten gelben Köpfchen zeigen.

Das Schöne am Löwenzahn ist, dass ihn jeder kennt und er überall vorkommt, egal, ob Sie auf dem Land oder in der Stadt leben. Löwenzahn ist fast das ganze Jahr über zu finden, und man kann ihn auch kaum verwechseln. Die Kinder erfreut er mit seinen „Flugschirmen" auf den abgeblühten Blütenköpfen, die als „Pusteblumen" bekannt sind. Unzählige Kinderspiele werden mit dem Löwenzahn gespielt, und er hat sogar eine eigene Fernsehsendung bekommen. Besonders faszinierend finde ich, dass es für Löwenzahn unzählige Namen gibt. Am besten gefällt mir die Geschichte, dass sich Kinder früher nicht getraut haben, Löwenzahn nach Hause mitzunehmen, weil er im Volksmund – wegen seiner harntreibenden Wirkung – auch „Bettpisser" genannt wurde, und die Kinder deshalb Angst hatten, nachts ins Bett zu machen.

Woher der Irrglaube kommt, dass Löwenzahn giftig sei, weiß ich nicht. Vermutlich hat man in früheren Zeiten, als es noch keine Waschmaschinen und Fleckentferner gab, den Kindern erzählt, Löwenzahn sei giftig. Dadurch stieg die Chance, dass sich die Kinder davon zurückhielten und ohne die hartnäckigen Flecken auf der Kleidung nach Hause kamen, die der Milchsaft aus den Stängeln verursacht.

Löwenzahn ist in der heimischen Küche vielseitig einsetzbar und in Wahrheit auch sehr gesund. Halten Sie im zeitigen Frühjahr nach ihm Ausschau. Sie finden ihn überall. Allerdings sollten Sie lieber auf Exemplare vom Straßenrand oder auf Spazierwegen verzichten (Autoabgase und Hundekot). Pflücken Sie Löwenzahn am besten an trockenen Tagen auf schönen Fettwiesen (Achtung: Milchsaftflecken!).

Vom Löwenzahn können Sie alle Teile verwenden. Die zarten Blätter kommen bei uns im Frühjahr mit in den Salat. Die gelben Köpfe finden immer als Dekoration auf dem Speiseteller einen Platz oder werden – in Alkohol eingelegt – zu einem feinen Likör. Die Knospen dienen als delikater Kapernersatz (Rezept siehe S. 32), und aus den Wurzeln lässt sich der wunderbarste Heimatkaffee aufbrühen. Nur für Blumensträuße eignet sich der Löwenzahn nicht, denn er schließt seine Blüte und lässt schnell den Kopf hängen.

Löwenzahnsamen fliegen mit ihren „Schirmchen" mehrere Kilometer weit. Also: Falls sich Ihr Nachbar bei Ihnen über die Verbreitung beschwert, dann laden Sie ihn doch einfach auf eine Tasse Löwenzahnwurzelkaffee oder auf ein Gläschen Löwenzahnblütenlikör ein – bestimmt wird auch er begeistert sein! “

LÖWENZAHNBLÜTENLIKÖR

ZUTATEN :

80 g Löwenzahnblütenblätter (vom Blütenboden abgezupft)
200 g Zucker
1 Vanillestange
400 ml Obstler
375 ml Wasser

Ergibt 5 Flaschen à 200 ml

ZUBEREITUNG

1. Die Löwenzahnblütenblätter zusammen mit dem Zucker in eine Flasche geben und über Nacht im Kühlschrank ziehen lassen.

2. Dann die übrigen Zutaten hinzufügen, die Flasche gut verschließen und die Mischung mindestens 3 Wochen lang auf der Fensterbank durchziehen lassen.

3. Die Flasche täglich kräftig schütteln. Den Likör nach der angegebenen Zeit abseihen (Vanillestange vorher rausfischen) und in dekorative Fläschchen füllen. Fertig. Prost!!

LÖWENZAHNWURZELKAFFEE („MUCKEFUCK")

ZUTATEN

10–15 schöne Löwenzahnwurzeln

Ergibt je nach Größe der Wurzeln 5–6 Tassen Kaffee

Löwenzahnkaffee schmeckt sehr intensiv. Wer ihn nicht so bitter mag, nimmt etwas weniger Pulver. Wer es orientalisch liebt, kann das Kaffeepulver mit (je) einer Messerspitze Zimt und/oder Kardamom aromatisieren.

ZUBEREITUNG

1. Das Löwenzahngrün abschneiden und die Wurzeln mit einer Gemüsebürste gründlich reinigen.

2. Die sauberen Löwenzahnwurzeln bei etwa 40 °C im Backofen trocknen lassen, bei leicht geöffneter Ofentür, damit die Feuchtigkeit entweichen kann (Kochlöffel in die Tür klemmen). Das kann je nach Dicke der Wurzeln bis zu 3 Stunden dauern. Trocken sind die Wurzeln, wenn sie sich brechen lassen. Alternativ kann man die Wurzeln auch an der Luft trocknen lassen, dazu brauchen sie etwa einen Tag.

3. Die getrockneten Löwenzahnwurzeln in kleine Stücke schneiden und in einer Pfanne (ohne Öl) so lange bei niedriger Temperatur rösten, bis sie angenehm duften und die Wurzeln leicht braun werden. **Achtung:** Immer fleißig rühren, damit sie nicht anbrennen.

4. Die gerösteten Wurzeln abkühlen lassen und in einem Mixer pulverisieren.

5. Pro Tasse Kaffee einen gehäuften Teelöffel von dem Wurzelmehl in einen Filter geben und mit 150–200 Milliliter heißem Wasser überbrühen.

DASS MAN IM GARTEN ZELTEN KANN
WO DIE BESTE ANGELSTELLE IST
WIE MAN TRAKTOR FÄHRT
WIE MAN STRAßENLATERNEN AUSTRITT

SCHWARZER HOLUNDER

„Bei uns auf dem Hof steht ein stattlicher Holunderbaum direkt am Hühnerstall. Viele Jahre habe ich ihn gar nicht so richtig beachtet und mich im Spätherbst immer über die herabgefallenen schwarz-lila Beeren geärgert, die den Weg verschmutzten.

Doch dann hat mir die Bauersfrau aus der Nachbarschaft erzählt, dass der Holunderbaum Heim und Hof beschützt, sofern man ihn immer anständig behandelt. Holda, die germanische Göttin, bewahrte Pflanzen, Tiere, Haus, Hof, Mensch und Vieh vor dunklen Mächten, Feuer und Hexen. Hatte man einen Holunderbaum vor der Stalltüre stehen, glaubte man sein Vieh vor bösem Zauber sicher. Hollerbüschel, die am Tag vor Walpurgi (also am 30. April) abgeschnitten und über die Haustür gehängt werden, sollen vor Unglück und bösen Geistern schützen. Inzwischen bin ich überzeugt davon, dass der frühere Besitzer unseres Bauernhofs den Holunder vor langer Zeit ganz bewusst an diese Stelle gepflanzt hat und freue mich jetzt jedes Jahr aufs Neue, wenn ich die fast schwarzen Holunderbeeren verarbeiten kann. Meistens beginne ich ganz spontan mit der Ernte, wenn ich an meinem Baum vorbeigehe und die prallen Beeren sehe. Wer mich kennt, sieht also an meinen Händen, wann die Erntezeit gekommen ist.

Die reifen Beeren enthalten wertvolle Inhaltsstoffe und dürfen daher definitiv als „heimisches Superfood“ bezeichnet werden. Sie können aber auch medizinischen Zwecken dienen. Der Saft aus reifen Holunderbeeren hat sich beispielsweise als sehr gutes Heilmittel gegen Husten bewährt. Bei der Herstellung von Holundersaft gilt es zu beachten, dass die Beerendolden in voller Reife stehen müssen und keine grünen Beeren mehr daran sein dürfen, denn unreife, noch grüne Beeren enthalten das blausäureabspaltende Sambunigrin, einen Stoff, der Übelkeit und Verdauungsstörungen hervorrufen kann. Da dieses Gift auch in den Stielen und den Blättern enthalten ist, müssen die Holunderbeeren vor der Weiterverarbeitung sorgsam davon getrennt werden. Kocht man die Beeren einmal ordentlich auf, verfliegt das Gift aber vollständig.

Holunderbüsche sind in ganz Europa heimisch und eigentlich kaum mit anderen Pflanzen zu verwechseln. Der Zwerg-Holunder ist allerdings sehr giftig, aber im Gegensatz zum schwarzen Holunder handelt es sich dabei um eine krautig wachsende, nicht verholzte Pflanze, deren Blüten steil nach oben stehen. Beim schwarzen Holunder hängen die Blüten nach unten, im Volksmund wird er auch „Hollerbusch“ genannt. Meist findet man ihn an Waldrändern oder in Hecken. Ab Mai/Juni lockt er mit duftenden weißen Blütendolden, die man in der Küche ebenfalls zu Köstlichkeiten verarbeiten kann. Der perfekte Erntezeitpunkt für die blühenden Dolden ist gekommen, wenn sie wunderbar süßlich duften und leicht gelblich sind. Den gelblichen Blütenpollen fängt man am besten in Flüssigkeit ein (Rezept für Sirup siehe S. 53). Deshalb dürfen Holunderblüten nach der Ernte auf keinen Fall gewaschen werden, da sonst der wertvolle Blütenstaub verloren geht. Lassen Sie die Hollerblüten vor der Weiterverarbeitung einige Minuten liegen, damit die kleinen Käferchen, die von dem Duft ebenfalls magisch angezogen werden, noch eine Chance zur Flucht haben.

„Ringel, Ringel, Reihe,
wir sind der Kinder dreie,
wir sitzen unterm Hollerbusch
und machen alle
husch, husch, husch.“

HOLLERBLÜTENSIRUP

ZUTATEN

25 Holunderblütendolden
1,5 l Wasser
1 kg Zucker
3 Bio-Limetten
1 Bio-Orange
2 Bio-Zitronen

Ergibt etwa 2 Liter

ZUBEREITUNG

1. Die frisch gezupften Holunderblütendolden leicht ausschütteln (keinesfalls waschen!).

2. Das Wasser mit dem Zucker mischen und kochen, bis sich der Zucker aufgelöst hat.

3. Die Limetten und die Orange heiß waschen und mit der Gemüsebürste abbürsten, dann die Früchte in dünne Scheiben schneiden und in den Zuckersirup geben.

4. Die Zitronen auspressen und den Saft ebenfalls zum Sirup geben, umrühren.

5. Die Holunderblütendolden in ein hohes Gefäß einlegen und vorsichtig mit dem Sud übergießen.

6. Nun muss das Ganze mindestens 3 Tage ziehen. Rühren Sie den Sirup gelegentlich behutsam um.

7. Nach der Ruhezeit alles durch ein feines Sieb filtern und die anfallende Flüssigkeit in einem Topf auffangen. Den Sirup einmal ordentlich aufkochen und sofort in sauber (!) ausgespülte Flaschen füllen und verschließen.

Der Holunderblütensirup ist mindestens ein halbes Jahr haltbar. Die Erwachsenen dürfen ihn mit kaltem Sekt genießen, und für die Kinder wird er mit Wasser aufgefüllt.

HOLUNDERBEERENGELEE

ZUTATEN

750 ml Holunderbeerensaft aus etwa 1,5 kg Holunderbeeren
1 Bio-Zitrone
500 g Gelierzucker 2:1

Ergibt 5 Gläser à 200 ml

Wer mag, kann dem Holundersaft noch einen kleinen Rosmarinzweig beigeben (vor dem Abfüllen wieder herausfischen). Probieren Sie es aus, das Rosmarinaroma verleiht dem Gelee eine ganz besondere Note.

ZUBEREITUNG

1. Holunderbeeren in kaltem Wasser waschen. Die vollreifen Holunderbeeren von den Stielen abrispeln (dazu am besten Handschuhe anziehen und die Dolden durch die Zinken einer Gabel ziehen) und heiß entsaften. Wenn Sie keinen Entsafter besitzen, können Sie die Holunderbeeren zusammen mit 100 Milliliter Wasser in einem Topf so lange köcheln, bis der Saft ausgetreten ist.

2. Dann die Masse durch ein Sieb streichen und den Saft auffangen. Aus den im Sieb verbliebenen Beerenschalen können Sie ein Fruchtleder herstellen (Rezept auf Seite 88).

3. Die Zitrone auspressen. Den gewonnenen Holunderbeerensaft abkühlen lassen und mit dem Zitronensaft und dem Gelierzucker mischen. Die Masse in einem ausreichend großen Topf mindestens 4 Minuten lang sprudelnd kochen lassen.

4. Anschließend das heiße Gelee in die vorbereiteten Gläser füllen und diese sofort fest verschließen. Die Gläser für 2–3 Minuten auf den Deckel stellen und anschließend wieder umdrehen.

Da Holundersaft manchmal etwas schlecht geliert, halten Sie sich bitte genau an die vorgegebene Saftmenge.

WALDMEISTER

„Kennen Sie Waldmeister? Wenn ich Waldmeister höre, muss ich immer an meine Kindheit denken: Waldmeistereis, Waldmeisterwackelpudding und natürlich Waldmeisterbrause. Aber ich meine nicht die chemisch hergestellten Produkte. Ich rede von dem Waldmeister, der im frühen Frühjahr so herrlich in den lichten Buchenwäldern wächst und nur darauf wartet, dass wir ihn mit nach Hause nehmen.

Sind Menschen griesgrämig und verbreiten Unmut im Haus, so streue man Waldmeister auf die Zimmerböden, lege Büschel davon zwischen die Wäsche und stopfe sie in Matratzen, so wird im ganzen Haus Herzlichkeit einziehen – sagten die Kräuterhexen früherer Jahrhunderte.

Verwechseln kann man den Waldmeister mit anderen Labkräutern, die zwar alle nicht giftig sind, aber auch nicht diesen unverwechselbaren angenehmen Duft haben. Der Duft von Waldmeister entfaltet sich jedoch erst, wenn man ihn einige Zeit anwelken lässt, denn erst dann wird das darin enthaltene Cumarin freigesetzt. Vorsicht muss man nur bei der Dosis walten lassen, denn nimmt man zu viel von diesem Inhaltsstoff auf, kann das zu Kopfschmerzen und Übelkeit führen. Waldmeister erntet man immer kurz vor dem Erblühen (meist von April bis Mai), weil sein Aroma dann am intensivsten ist. Im Gegensatz zu den anderen Wildkräutern wird er jedoch nicht (mit)gegessen, sondern lediglich zum Aromatisieren von Speisen und Getränken verwendet.

Wer keinen wild wachsenden Waldmeister im Wald findet, kann auf dem Wochenmarkt die Augen danach offen halten. Als Alternative genügt auch eine kleine schattige Ecke auf dem Balkon, wo man ihn selber anbauen und sich direkt versorgen kann. Kleine Jungpflanzen bekommen Sie im Frühjahr in der Gärtnerei. Waldmeister vermehrt sich schnell, und man kann ihn dann auch wieder teilen und im Freundeskreis weiterverschenken.

Eine gute Möglichkeit bietet auch das Einfrieren: Dazu nimmt man die Stängel, friert sie einzeln ein und steckt sie im gefrorenen Zustand wiederum alle zusammen in eine

Dose oder in ein Glas. So kann man sich das ganze Jahr über aus dem Gefrierfach bedienen. Der Geschmack wird durch das Einfrieren und Auftauen sogar noch intensiver.

Bei uns in der Familie besteht seit vielen Jahren die Tradition, zusammen mit allen Freunden und selbst gemachter Maibowle aus frischem Waldmeister den 1. Mai im Garten zu feiern.

Hängen Sie sich ein kleines Trockensträußchen Waldmeister in den Kleiderschrank. Der angenehme Duft wird sich entfalten und außerdem Ihre Wäsche vor Kleidermotten schützen.

WALDMEISTERSIRUP

ZUTATEN

1 dickes Bund Waldmeister
1 Bio-Zitrone, nur der Saft
400 g Zucker
350 ml Wasser

Für 3 Fläschchen à 200 ml

ZUBEREITUNG

1. Den Waldmeister waschen und gut trocken schütteln. Lassen Sie ihn mindestens 2 Stunden lang anwelken, damit er sein Aroma entfalten kann.

2. Pressen Sie nun die Zitrone aus. Kochen Sie den Zucker zusammen mit dem Zitronensaft und dem Wasser auf, bis sich der Zucker aufgelöst hat. Lassen Sie die Zuckerlösung etwas abkühlen und stellen Sie sie zur Seite.

3. Binden Sie die Waldmeisterstängel zu einem kleinen Sträußchen und hängen Sie es kopfüber für etwa 30 Minuten in das Zuckerwasser. Drücken Sie das Sträußchen anschließend darüber gut aus.

4. Filtern Sie den fertigen Sirup durch ein Sieb, kochen Sie ihn nochmals kräftig auf und füllen Sie ihn sofort heiß in die vorbereiteten Fläschchen. Im Kühlschrank hält er sich rund 4 Wochen.

WALDMEISTERBOWLE MIT BLÜTEN

ZUTATEN

2 Handvoll bunt gemischte essbare Blüten
Blüteneiswürfel
500 ml Apfelsaft
500 ml trockener Sekt
100 ml Waldmeistersirup

Für 1,1 Liter

Nach Belieben etwas spritziges Mineralwasser

ZUBEREITUNG

1. Die Blüten für kurze Zeit auf ein sauberes Geschirrtuch legen, damit alle darin herumkrabbelnden Insekten noch die Chance zur Flucht haben.

2. Geben Sie die Blüteneiswürfel in ein Bowleglas oder in eine hübsche Karaffe, gießen Sie dann mit Apfelsaft und Sekt auf.

3. Fügen Sie den Waldmeistersirup hinzu, rühren Sie alles vorsichtig um und dekorieren Sie Ihre Bowle mit den Blüten.

4. Sollte Ihnen die Bowle zu süß sein, können Sie sie noch zusätzlich mit spritzigem Mineralwasser auffüllen.

WALDMEISTER
ZUCKER

WALDMEISTERZUCKER

ZUTATEN

20 Waldmeisterstängel
250 g Zucker

Für rund 250 Gramm

Alternativ lässt sich der Zucker auch in der Sonne trocknen. Ist Ihnen der Zucker zu grob, können Sie ihn auch im Mixer noch feiner vermahlen.

ZUBEREITUNG

1. Den Waldmeister waschen und gründlich trocken schütteln. Dann die Stängel mindestens 2 Stunden anwelken lassen, damit das Kraut sein Aroma entfalten kann.

2. Die Waldmeisterblätter von den groben Stängeln abzupfen und in einem Mörser gut mit dem Zucker vermischen.

3. Den fertigen Zucker auf einem mit Backpapier ausgelegten Backblech gleichmäßig verteilen. Im leicht geöffneten Backofen (Kochlöffel einklemmen) bei maximal 50 °C so lange trocknen lassen, bis die Masse vollständig durchgetrocknet ist.

WALDMEISTERGELEE

ZUTATEN

20 Waldmeisterstängel
550 ml heller Traubensaft (oder 550 ml Apfelsaft)
200 ml trockener Sekt
1 Bio-Zitrone, nur der Saft
500 g Gelierzucker 2:1

Für 5 Gläser à 200 ml

ZUBEREITUNG

1. Den Waldmeister waschen, gründlich trocken schütteln und mindestens 2 Stunden lang anwelken lassen, damit das Kraut sein Aroma entfalten kann.

2. Binden Sie die Waldmeisterstängel zu einem Bund zusammen, lassen Sie diesen über Nacht in dem Obstsaft ziehen, nehmen sie ihn dann heraus und drücken sie ihn gut über dem Saft aus.

3. Fügen Sie Sekt und Zitronensaft hinzu und vermischen Sie alles mit dem Gelierzucker. Bringen Sie die Mischung unter Rühren zum Kochen und lassen Sie sie 4 Minuten lang sprudelnd kochen.

4. Füllen Sie die heiße Masse sofort in die vorbereiteten Gläser und verschließen Sie diese fest. Stellen Sie die Gläser für 2–3 Minuten auf den Deckel und drehen Sie sie anschließend wieder um.

BRENNNESSEL

Bevor in Europa die Baumwolle eingeführt wurde, gewann man aus den sehr zähen Brennnesselstängeln eine robuste Faser, aus der man „Nessel-Tuch" herstellte. Bei meinen Recherchen über diesen Stoff kam ich an einen älteren Herrn, der mir erzählte, er habe als kleiner Junge lange Strümpfe besessen, in denen Brennnesselfasern eingearbeitet waren. Die Jungs hatten selbst im tiefsten Winter kurze Hosen an, und um ihre Beine vor der Kälte zu schützen, mussten sie die langen Strümpfe tragen, die mit Strumpfhaltern fixiert wurden. Sie müssen fürchterlich gejuckt haben, denn beim Erzählen dieser Geschichte konnte der Herr nicht anders, als sich immer noch die Beine zu kratzen.

Schon unsere Vorfahren wussten, dass man die Brennnessel als Gemüsepflanze nutzen kann. So wird sie beispielsweise schon lange wegen ihres (nach dem Erhitzen) spinatähnlichen Geschmacks geschätzt. Meist werden nur die Blätter zubereitet oder aus den Samen ein köstlicher Likör hergestellt. Ich überrasche meine Gäste auf Kräuterwanderungen mit der Information, dass man die Samen der weiblichen Pflanzen ganz wunderbar in der Küche einsetzen kann. Sie schmecken lecker nussig, man kann sie in der Pfanne mit etwas Butter anbraten oder frisch über das morgendliche Müsli streuen. Wem es zu viel Aufwand ist, die Samen selbst zu ernten, kann sie auch in gut sortierten Bio-Läden kaufen. Sie liefern einen echten Energiekick!

Brennnesseln verarbeite ich das ganze Jahr in meiner Küche. Wir sind im Lauf der Zeit zu regelrechten „Brennnesseljunkies" geworden. Im Garten halte ich immer nach Stellen

Ausschau, wo besonders schöne Exemplare wachsen, und sie dürfen auf keinen Fall dem Rasenmäher zum Opfer fallen. Es klingt für Sie vielleicht seltsam, aber Brennnesseln schmecken einfach superlecker. Sogar im Winter ziehe ich manchmal mit dem Spaten los und schiebe den Schnee zur Seite, um an das frische Grün zu kommen.

Sie finden die Brennnessel überall auf nährstoffreichen Böden. Deshalb wird sie von Kräuterkundigen gerne als „Zeigerpflanze" für Stickstoff bezeichnet. Sie steht fast nie alleine und wächst meist in größeren Gruppen. Am besten verwenden Sie nur Exemplare aus Ihrem eigenen Garten oder suchen nach Standorten am Waldrand. Verwechseln können Sie die Brennnessel nicht, denn wie schon ihr Name verrät, brennt sie bei der Berührung. Somit dürfte sie die einzige Pflanze sein, die Sie auch mit verbundenen Augen oder im Dunkeln finden würden.

Ernten Sie von den Brennnesseln immer nur die oberen Triebspitzen, also maximal die oberen zehn Zentimeter. Die Pflanze „verholzt" nach unten hin und schmeckt nicht mehr so zart. Tragen Sie am besten Handschuhe und schneiden Sie die Triebe mit einer Schere ab. Ich lege mein Sammelgut in einen Korb, und mache dann erst zu Hause die Brennhaare unschädlich, indem ich die Blätter zwischen zwei Küchentücher lege und einige Male mit einem Nudelholz „darüberwalke". Denselben Effekt erzielen Sie, wenn Sie die Blätter kurz mit heißem Wasser überbrühen und dann weiterverarbeiten.

Brennnesselblätter lassen sich gut trocknen, sie dienen dann in den kalten Wintermonaten als Mineralstofflieferanten. Gerne bereite ich mir aus den getrockneten Blättern auch einen Frühjahrskurtee, dem ich aber immer noch andere Kräuter beimische.

BRENNNESSELLIKÖR

ZUTATEN

2 Handvoll Brennnesselblätter
3 TL Brennnesselsamen (gibt's auch im Bio-Laden)
2 EL Kandiszucker
500 ml Alkohol (38 % Vol., geschmacksneutral, z. B. Doppelkorn)

Ergibt 500 ml

ZUBEREITUNG

1. Die Brennnesselblätter waschen (nur, falls wirklich erforderlich), dann richtig gut trocknen lassen.

2. Die Brennnesselblätter zusammen mit den Samen in eine 1-Liter-Flasche mit weitem Hals einfüllen, bis die Flasche ungefähr zur Hälfte voll ist. Den Kandiszucker hineinstreuen und das Ganze mit dem Alkohol übergießen, bis alles bedeckt ist.

3. Nun die Flasche gut verschließen und mindestens einen Monat lang an einen hellen, warmen Ort stellen und den Brennnessellikör durchziehen lassen. Einmal am Tag kräftig schütteln.

4. Den Likör anschließend durch ein Sieb abseihen und in eine schöne Flasche abfüllen.

Als ich diesen Likör das erste Mal probieren durfte, konnte ich kaum glauben, dass es tatsächlich möglich ist, aus Brennnesseln ein so leckeres Getränk herzustellen. Ich war absolut begeistert!

Also, Rezept mitgenommen und sofort zu Hause ans Werk gemacht. Leider hat mir mein Ergebnis so gar nicht geschmeckt, und die Flasche wurde in den Keller verbannt.

Nach langer (wirklich langer) Zeit ist mir die Flasche irgendwann wieder in die Hände gefallen, und zum Glück hab ich den Inhalt noch mal probiert ... sensationell! Der starke Alkoholgeschmack war völlig verflogen, und ich hatte einen fast öligen „Magenkitzler" vor mir. Was für eine Freude! Also kann ich Ihnen nur empfehlen, die Flasche für mindestens neun Monate zu „vergessen", bevor Sie dann eine ganz besondere Köstlichkeit genießen können.

Merke: „Gut Ding will Weile haben!"

BRENNNESSEL-
LIKÖR

BRENNNESSELEIS

ZUTATEN

2 Handvoll Brennnessel-triebspitzen
400 ml saure Sahne
20 Minzeblätter
100 g Puderzucker
1 Bio-Zitrone, Saft und Schale

Ergibt 500 ml (für 4–6 Personen)

Eis selbst herzustellen, ist ganz einfach. Sie brauchen dazu auch nicht unbedingt eine Eismaschine.

Je nach Lust und Laune können Sie auch eigene Eiskreationen entwerfen. Fügen Sie den Brennnesseln doch beispielsweise auch mal 5–6 Gundermannblätter zu oder ersetzen Sie die Minze durch Zitronenmelisse.

ZUBEREITUNG

1. Schneiden Sie (wobei Sie am besten Handschuhe tragen) alle zarten Brennnesselblätter von den Stielen ab.

2. Legen Sie die Brennnesselblätter zwischen zwei Küchentücher und walken Sie einige Male mit einem Nudelholz (Teigroller) darüber, um die Brennhaare unschädlich zu machen.

3. Geben Sie die Blätter dann in einen hohen Rührbecher und zermixen Sie sie (mit etwas saurer Sahne geht es besser) zu einer breiigen Masse. Achten Sie darauf, dass alles gut zerkleinert und die Masse möglichst glatt ist, damit nachher im fertigen Eis keine Blätter oder Blattstücke mehr enthalten sind.

4. Nun die restlichen Zutaten hinzufügen und das Ganze gut durchmixen.

5. Wenn Sie ein ganz feines Ergebnis bekommen und auch nicht die kleinsten Blattreste in Ihrem Eis haben möchten, müssen Sie nun die gesamte Masse durch ein feines Sieb streichen. (Ich spüre sehr gern noch winzigste Blattstückchen auf der Zunge.)

6. Die Masse in einen Gefrierbehälter füllen und so lange in den Tiefkühlschrank stellen, bis sie langsam anfängt zu gefrieren (das dauert mindestens 1 Stunde). Kontrollieren Sie den Zustand der Masse hin und wieder, damit Sie den richtigen Zeitpunkt zum Durchrühren nicht verpassen.

7. Sobald sich Eiskristalle bilden, rühren Sie das Eis mit einem Schneebesen kräftig durch, damit die Eiskristalle zerkleinert werden und das Eis eine schöne cremige Konsistenz erhält. Das müssen Sie jetzt noch 3 bis 4 Mal (etwa alle 30 Minuten) wiederholen. Anschließend können Sie Ihre neue Eiskreation sofort servieren oder bis zum Genuss im Tiefkühler aufbewahren.

SOMMER

SPARGEL

Wenn ich im Frühjahr nach Würzburg fahre, halte ich die Augen immer offen, ob die unterfränkischen Spargelbauern schon ihre Verkaufsstände aufgebaut haben und stolz die erste frische Ernte präsentieren. Obwohl der Spargel zu Saisonbeginn noch sehr teuer ist und erst mit der Zeit günstiger wird, bin ich eine der ersten Kundinnen. Seit 2013 ist der „Spargel aus Franken“ eine eingetragene regionale Schutzmarke. Nur die in unserem Umland geernteten Stangen dürfen diese Bezeichnung tragen, um Frische und kurze Wege zu schützen. Auch hier bleibe ich meinem Motto treu: „Wer weiterdenkt, kauft näher ein!“ und verzichte auf Spargel aus spanischer oder griechischer Erzeugung.

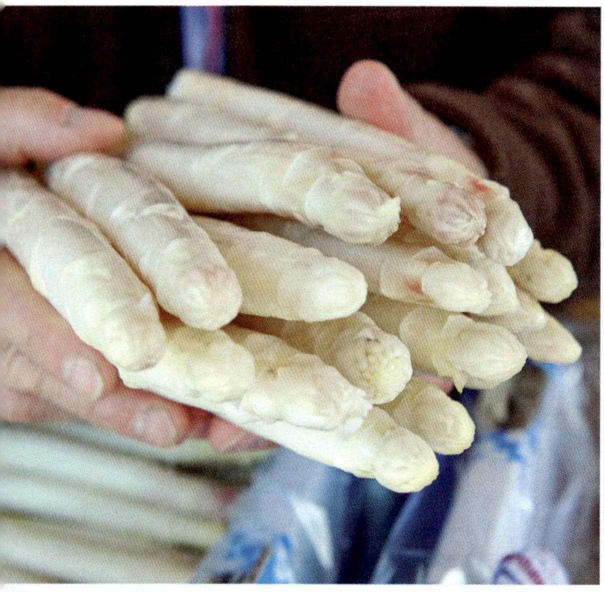

Das königliche Gemüse wurde bereits im 16. Jahrhundert angebaut und war ausschließlich für den Adel bestimmt. Daher rührt vermutlich auch der Name „weißes Gold“ für die weißen Stangen. Unsichtbar und lichtgeschützt wachsen sie über mehrere Wochen in den markanten Erdhügeln, bis sie schließlich gestochen werden können – was einiges Geschick erfordert.

Grüner Spargel hingegen wird nicht durch Erde und Folie vor dem Sonnenlicht geschützt und kann deshalb seine kräftige grüne Farbe entwickeln.

Je nach Witterung wird der deutsche Spargel von Ende April bis zum 24. Juni, dem Johannistag, angeboten. Nur in dieser Zeit ist wirklich frische Ware zu bekommen.

Frischen Spargel erkennt man an den festen, prallen Stangen, die beim Brechen knacken und sich nicht biegen lassen. Wenn man zwei Spargelstangen aneinanderreibt, sollten sie dabei quietschen. Die Schnittstellen müssen hell und saftig sein und dürfen keine braunen Verfärbungen aufweisen. Riechen Sie auch mal an den Stangen! Ein säuerlicher Geruch zeigt an, dass der Spargel nicht mehr frisch ist.

Schon beim Kauf sollten Sie darauf achten, dass die Stangen alle in etwa gleich dick sind. So wird gewährleistet, dass sie nach der Kochzeit auch alle gleich gar sind.

Ungeschält und in ein nasses Geschirrtuch eingeschlagen, hält sich der weiße Spargel im Gemüsefach des Kühlschranks etwa 2 bis 3 Tage. Grüner Spargel sollte bis zur Verarbeitung stehend – in etwas Wasser – ebenfalls im Kühlschrank aufbewahrt werden.

Spargel kann man auch sehr gut einfrieren. Hierfür müssen Sie ihn vorab schälen und die Enden abschneiden. Zur Weiterverarbeitung lassen Sie den gefrorenen Spargel aber nicht antauen, sondern geben ihn direkt ins kochende Wasser.

… und das Beste am Spargel: Mit der Ernte kommt der Sommer! “

SPARGEL IM WECKGLAS

ZUTATEN

3 kg frischer weißer Spargel
Salz

Für 5 Weckgläser (Rundrandglas 100 mit 1,5 Liter Inhalt)

Aus den Spargelschalen und den Abschnitten können Sie eine tolle Suppe kochen.

ZUBEREITUNG

1. Als Erstes müssen die Spargelstangen unter kaltem Wasser gründlich gewaschen werden.

2. Die Stangen erst kurz vor dem Kochen mit einem Sparschäler vom Kopf abwärts (die Köpfe brauchen Sie nicht mitzuschälen) schälen und auf die Länge des Weckglases zuschneiden. Dabei alle holzigen Teile großzügig entfernen. Legen Sie die geschälten Spargelstangen in eine Schüssel mit kaltem Wasser, bis Sie alle Stangen fertig haben.

3. Nun müssen die Spargelstangen in leicht gesalzenem kochendem Wasser gebrüht werden. Lassen Sie dazu das Wasser aufwallen, schalten Sie dann den Herd aus und lassen Sie die Spargelstangen nur etwa 6 Minuten lang in dem Salzwasser ziehen.

4. Nach der Brühzeit fangen Sie das Kochwasser auf und legen die warmen Spargelstangen vorsichtig in die vorbereiteten Gläser ein. Halten Sie das jeweilige Glas mit einer Hand schräg und schlichten Sie die Spargelstangen (mit dem Kopf nach unten!) in die Gläser. Füllen Sie die Gläser nun bis etwa 1 Zentimeter unter den Rand mit der heißen Flüssigkeit auf. Anschließend die Gläser fest verschließen und bei 100 °C 120 Minuten im Wecktopf sterilisieren.

NÜSSE (WALNÜSSE UND HASELNÜSSE)

„Wenn es um Nüsse geht, denken vermutlich viele von Ihnen an Weihnachten. An die voll ausgereiften Wal- und Haselnüsse mit ihrer harten Schale, die gut getrocknet nach der Ernte im Herbst auf ihren Einsatz in der Adventszeit warten. Bei meiner Mutter stand jedes Jahr in der Speisekammer ein kleines Körbchen mit den schönsten Exemplaren genau für diesen Zweck bereit – und wehe dem, der sich davon bediente!

Aber um diese Nüsse mit der harten Schale, die sich zum Teil so schwer knacken lassen, geht es bei meinen Rezepten meist gar nicht. Ich verarbeite in meiner Küche nämlich häufig die grünen Walnüsse, auch „Johanni-Nüsse" genannt, weil sie um den Johannistag, den 24. Juni, geerntet werden müssen. Das Innere der Walnuss darf noch nicht verholzt sein.

Ganz ehrlich: Die Menschen in unserem Dorf schauen manchmal schon etwas verwundert drein, wenn sie mich im Juni die noch grünen Walnüsse ernten sehen. Wenn ich sie aber später probieren lasse – von den süßen Johanni-Nüssen zum Käse oder einem Gläschen Walnusslikör zum Dessert –, kommt es häufig vor, dass ich den einen oder anderen Dorfbewohner mit meiner Lust auf grüne Walnüsse anstecke.

Aus alten Erzählungen weiß man, dass die Walnuss in früheren Zeiten als Liebesorakel diente. Liebespaare, die heiraten wollten, legten zwei harte Walnüsse ins Herdfeuer. Blieben die Nüsse in der großen Hitze unbeschädigt, verhieß das eine stabile zukünftige Ehe. Flogen die Nüsse jedoch krachend auseinander, standen den Brautleuten turbulente Ehejahre bevor.

Nussbäume findet man auf freier Flur immer einzeln stehend, meist auf Wiesen oder an Feldrändern. Wenn Sie keine Möglichkeit haben, einen Nussbaum zu beernten, dann kaufen Sie ausschließlich Nüsse in der Schale. Natürlich macht das Knacken etwas Mühe, aber geschälte und gehackte oder gemahlene Nüsse verlieren schnell ihr Aroma und neigen außerdem zum Ranzigwerden.

Die Ernte der noch grünen Walnüsse ist ein bisschen anstrengend: Sie müssen hoch hin-

aus! Sichern Sie sich gut ab und pflücken Sie – kurz vor oder nach dem Johannistag – möglichst die großen, makellosen Früchte. Für die meisten Rezepte müssen die Johanni-Nüsse mit einer dicken Nadel durchgestochen und mehrere Tage lang in Wasser eingelegt werden, damit sie die enthaltene Gerbsäure verlieren und später nicht bitter schmecken.

Die reifen Wal- und Haselnüsse fallen ab September von selbst vom Baum. Früher hat man sie häufig mit einer Stange heruntergeschlagen, was aber die Äste beschädigte und bewirkte, dass immer wieder auch unreife Nüsse mit im Erntekorb landeten.

Am frischesten bleiben Nüsse in der harten braunen Schale. Hierbei ist es wichtig, dass Sie Ihre gesammelten Walnüsse von sämtlichen Resten des noch anhängenden grünen Fruchtfleischs befreien. (Tragen Sie dabei Handschuhe, sonst sieht jeder für Tage an Ihren Händen, womit Sie sich betätigt haben.) Von Haselnüssen ziehen Sie den „Schutzmantel" ab, in dem sie oft noch stecken. Zum Trocknen eignen sich Holzkistchen am besten. Legen Sie sie mit Zeitungspapier aus und stellen Sie sie so lange in die Sonne, bis die Nüsse darin ganz trocken sind. Kühl und dunkel gelagert, halten sie sich dann für mindestens ein Jahr. Wenn Sie Zweifel haben, ob eine Walnuss in der Schale noch gut ist, dann machen Sie den „Klappertest" und schütteln die Walnuss: Bei einer noch guten Walnuss hören Sie nichts. Wenn sie allerdings klappert, dann ist sie vertrocknet und nicht mehr genießbar.

Um Zeit zu sparen, können Sie sich einen kleinen Vorrat von geknackten Nüssen anlegen und ihn am besten in einem Schraubglas luftdicht abgeschlossen im Kühlschrank aufbewahren. So bleiben die Nüsse etwa vier Wochen lang frisch. Der luftdichte Abschluss ist auch wichtig, weil Nüsse dazu neigen, die Gerüche anderer Lebensmittel anzunehmen. Geschälte Nüsse können Sie auch gut einfrieren und nach Bedarf portionsweise entnehmen. Auf diese Weise sind sie etwa zwölf Monate haltbar.

WALNUSSWEIN

ZUTATEN

4 große grüne Walnüsse (vor dem 24. Juni gesammelt)
100 g Zucker
2 Gewürznelken
½ Vanillestange (nicht auskratzen)
1 Sternanis
400 ml kräftiger, trockener Rotwein (z. B. Dornfelder)
100 ml Schnaps (am besten Obstbrand)
100 ml Wasser

Ergibt 600 ml

ZUBEREITUNG

1. Die grünen Walnüsse müssen mindestens 2 Tage lang gewässert werden – bei täglichem Wasserwechsel. (Ich nehme hierfür von den Nüssen, die für die süßen Johanni-Nüsse sowieso schon im Wasser liegen.)

2. Die Nüsse vierteln und in eine Flasche mit weitem Hals geben.

3. Alle trockenen Zutaten hinzufügen und am Schluss Wein, Schnaps und Wasser hineingießen.

4. Die Flasche gut verschließen und mindestens 2 Monate lang ruhen lassen. Schütteln Sie die Flasche alle 3–4 Tage einmal ordentlich durch.

5. Nach der Ruhezeit den Wein durch ein Sieb abseihen und in eine schöne, saubere Flasche füllen.

Mir schmeckt der fertige Walnusswein am besten als Dessertwein nach einem guten Essen.

NUSS-
WEIN
WECK

HASELNUSSMUS

ZUTATEN

200 g reife Haselnusskerne
500 g Nougatschokolade (wer Zartbitter lieber mag, kann auch diese verwenden)
80 g Zucker
320 ml Milch, zimmerwarm
300 g Butter, zimmerwarm

Ergibt 6 Gläser à 200 ml

ZUBEREITUNG

1. Geben Sie die Haselnüsse in eine beschichtete Pfanne und rösten Sie sie ohne Fett unter ständigem Rühren so lange an, bis sie herrlich duften. **Achtung:** Sie werden schnell schwarz und sind dann unbrauchbar!

2. Die gerösteten Nüsse etwas abkühlen lassen und dann in ein sauberes Geschirrtuch einwickeln. Nun so lange abreiben, bis sich die braune Haut von den Nüssen löst. Idealerweise bleibt der weiße Kern zurück.

3. Die Haselnüsse vollständig erkalten lassen und anschließend fein mahlen.

4. Erwärmen Sie die Schokolade im Wasserbad, indem Sie sie klein schneiden und am besten in eine Metallschüssel geben, die Sie auf einen mit Wasser gefüllten Topf mit einem etwas größeren Durchmesser setzen. Da geschmolzene Schokolade zu klumpen anfängt, wenn Wasser hinzukommt, sollte der Topf nur so viel Wasser enthalten, dass es nicht über den Rand der Metallschüssel in diese hineinlaufen kann. Die Schokolade sollte bei höchstens (!) 40 °C geschmolzen werden.

5. Die Schokolade zur Weiterverarbeitung auf 30–32 °C abkühlen lassen.

6. Den Zucker und die Milch zu der flüssigen Schokolade geben. Unterziehen.

7. Jetzt noch die zimmerwarme Butter und die fein gemahlenen Haselnüsse zufügen und alles zu einer homogenen Masse verrühren.

8. In schöne Gläser füllen und im Kühlschrank aufbewahren.

Das Haselnussmus hält sich im Kühlschrank (theoretisch) rund 4 Wochen. (Praktisch ist es allerdings so lecker, dass es sowieso keine 4 Wochen überlebt. Suchtgefahr!!!)

SÜSSE JOHANNI-NÜSSE

ZUTATEN

1 kg grüne Walnüsse (Kurz vor oder nach dem 24. Juni sammeln und nur schöne, makellose Nüsse verwenden!)

Zutaten Für den Sud:
1 kg Zucker
750 ml Wasser
1 Ceylon-Zimtstange
2 Gewürznelken
10 Pimentkörner
½ Bio-Zitrone, mitsamt der Schale in Scheiben geschnitten

4–5 Nüsse auf ein 160-ml-Weckglas

Die Nüsse schmecken ganz wunderbar zu einer Käseplatte oder klein geschnitten zu Süßspeisen. Ihr Geschmack erinnert ein bisschen an Marzipan.

ZUBEREITUNG

Vorweg: Ziehen Sie unbedingt Einmalhandschuhe an! Die Nüsse verfärben Hände und Fingernägel sehr stark.

1. Die Walnüsse mit einer dicken Nadel mehrmals tief einstechen. Anschließend in ein hohes Glas geben und mindestens 10 Tage lang wässern – dabei das Wasser täglich wechseln. Die Nüsse müssen so lange gewässert werden, damit sie die enthaltenen Gerbstoffe an das Wasser abgeben und später nicht bitter schmecken.

2. Nach den 10 Tagen die Nüsse in frischem Wasser etwa 15 Minuten köcheln lassen und ohne Wasser zurück in das (ausgespülte) Glas geben.

3. Aus den links aufgelisteten Zutaten einen Sud kochen und heiß über die Walnüsse gießen. Das Ganze abgedeckt 4 Tage ziehen lassen.

4. Anschließend die Nüsse mit dem Sud in einen Topf geben und darin nochmals 5 Minuten lang aufkochen, dann alles zusammen erkalten lassen und in saubere kleine Weckgläser füllen. Die Nüsse müssen vollständig mit dem Sud bedeckt sein. Dann die Gläser fest verschließen und die Nüsse 30 Minuten lang bei 90 °C einkochen.

Falls Sie keinen Wecktopf besitzen, können Sie die Nüsse auch in saubere Twist-off-Gläser füllen und mit dem heißen Sud übergießen. Verschließen Sie die Gläser dann sofort und stellen Sie sie für einige Minuten auf den Deckel.

Und jetzt kommt das Gemeine: Vor dem ersten Öffnen mindestens sechs Monate durchziehen lassen. Doch glauben Sie mir: Es lohnt sich!

FRISCHE FRÜCHTCHEN

IM GLAS

Die ersten Gartenbeeren müssen eigentlich direkt vom Strauch weggenascht werden. Fast täglich schleiche ich im Sommer mal kurz an meinen Beerensträuchern vorbei und sehe nach, ob ich schon die eine oder andere „stibitzen" kann. Irgendwann kommt aber auch hier wieder die Zeit der großen Fülle, und dann werden die Beeren für den Winter haltbar gemacht.

Wenn auf dem Tisch ein Glas selbst gemachte Konfitüre, Marmelade oder Gelee steht, schmeckt das Frühstück gleich noch einmal so gut. Kennen Sie den Unterschied? **Marmelade** darf man die leckere Masse eigentlich nur nennen, wenn darin ausschließlich Zitrusfrüchte verarbeitet wurden. **Konfitüre** besteht aus einer oder mehreren Obstsorten, und **Gelee** wird aus Fruchtsaft gewonnen. Bei uns in Franken heißen alle süßen Aufstriche „Marmelod", und kaum jemand interessiert sich für die EU-Richtlinien, Hauptsache es schmeckt!

Himbeere: Ich werde immer wieder gefragt, was der Unterschied zwischen Sommer- und Herbsthimbeeren ist. Sommerhimbeeren tragen ihre Früchte am zweijährigen Holz. Deshalb können Sie die Ruten, die Sie abgeerntet haben, auch gleich herausschneiden. So entsteht Platz für neue Triebe, an denen im darauffolgenden Sommer wieder Beeren wachsen werden. Ich finde Sommerhimbeeren geschmacksintensiver (soll heißen: lecker & süß). Leider neigt diese Sorte eher dazu, kleine Würmchen zu beherbergen. Bei Herbsthimbeeren verhält es sich etwas anders: Sie entwickeln Früchte am einjährigen Holz, und spätestens im März werden alle Ruten bodennah abgeschnitten. Die neuen Ruten wachsen bis zum Herbst nach und tragen dann wieder Früchte. Manchmal mache ich mir auch die Mühe und sammle im Wald ein paar Waldhimbeeren. Diese Delikatesse wird dann aber nicht eingekocht, sondern pur aus der hohlen Hand genascht oder Salat und Dessert damit verziert.

Erdbeere („die Schummlerin"): Ganz ehrlich: Meine wenigen Erdbeeren schaffen es nur sehr selten vom Garten bis in die Küche. Selbst wenn ich mir ein Schälchen auf dem Markt kaufe, ist mindestens die Hälfte schon in meinem Mund gelandet, bevor ich zu Hause angekommen bin. Eigentlich ist die Erdbeere eine Schummlerin, denn obwohl der Name es vermuten lässt, ist sie gar keine Beere, sondern botanisch gesehen eine Nuss. In Wirklichkeit sind nämlich die kleinen gelben Körnchen auf ihrer roten Haut die Früchte der Pflanze („Nüsschen"). Wenn Sie Erdbeermarmelade kochen möchten, empfehle ich Ihnen, die Erdbeeren direkt vom Erdbeerfeld zu kaufen. Wenn Sie ein bisschen Zeit haben, können Sie sie dort auch meist selbst pflücken (und dabei nach Herzenslust mitfuttern). Frischer geht es nicht!

Johannisbeere: Ich liebe den leicht säuerlichen Geschmack von roten Johannisbeeren.

Sind die Beeren leuchtend rot, dann ist der ideale Erntezeitpunkt gekommen (meist Juli/August). Mit Johannisbeeren verhält es sich ähnlich wie mit den Sommerhimbeeren: Ernten Sie die Träubchen und schneiden Sie den Trieb gleich mit ab. So kann sich der zweijährige Trieb gut entwickeln und wird Sie im folgenden Jahr mit schönen Früchten beglücken. „Steht Ast bei Ast, ganz dicht bei dicht, dann schneid den Strauch, denn er braucht Licht", sagt Gärtner Potschke.

Ich „schmuggle" in fast alle Konfitüren und Gelees einen kleinen Teil Johannisbeeren. Die leicht säuerliche Note rundet den Geschmack hervorragend ab, und darüber hinaus geliert die Masse dann besser.

HIMBEERGELEE
MIT ROSENBLÄTTERN

ZUTATEN

1 kg Himbeeren
1 Bio-Zitrone, nur der Saft
500 g Gelierzucker 2:1
1 Handvoll duftende Rosenblätter

Ergibt 5 Gläser à 250 ml

ZUBEREITUNG

1. Die Himbeeren in einen Topf mit 150 Milliliter Wasser geben und aufkochen lassen.

2. Falls Sie die kleinen Kernchen stören, streichen Sie die Masse durch ein feinmaschiges Sieb und fangen Sie das Fruchtmark auf.

3. Pressen Sie die Zitrone aus und geben Sie den Zitronensaft zusammen mit dem Gelierzucker zu dem Fruchtmus. Umrühren. Dann lassen Sie die Masse 4 Minuten lang sprudelnd kochen. Nach der Hälfte der Kochzeit geben Sie die Rosenblätter hinein.

4. Nach der gelungenen Gelierprobe füllen Sie Ihr Himbeergelee in die vorbereiteten Gläser.

Dieses Gelee ist so wunderbar, dass ich es ganz exklusiv an liebe Menschen verschenke. Die Gläser dekoriere ich dann immer mit einem schönen Papier- oder Stoffhäubchen und binde noch einen Anhänger daran.

Holen Sie sich mit duftenden Rosenblättern ein Stück Sommerglück ins Glas. Die Rosenblätter darin werten das Gelee auf und machen es zu etwas ganz Besonderem. Voraussetzung ist allerdings, dass Sie an Rosen kommen, die nicht gespritzt wurden. Verwenden Sie keinesfalls Rosenblätter von Rosen aus dem Supermarkt! Selbst die meisten Rosen im Blumenladen sind mit Schadstoffen belastet. Fragen Sie deshalb lieber bei Ihrem Blumenhändler nach unbehandelten Blüten.

Himbeeren neigen zum raschen Schimmeln, weshalb sie schnellstmöglich verarbeitet werden sollten. Waschen bekommt ihnen gar nicht gut. Sie dürfen, falls es überhaupt nötig ist, nur abgetupft werden. Ansonsten verlieren sie zu viel Saft und ihr Aroma.

KANDIERTE FRÜCHTE

ZUTATEN

1 kg Zucker
1 l Wasser
500 g Früchte

Ergibt 500 Gramm kandierte Früchte

Ich kandiere am liebsten Kirschen, aber auch Erdbeeren, Zwetschgen, Himbeeren und sogar Vogelbeeren eignen sich sehr gut. Äpfel, Birnen und Quitten können Sie ebenfalls kandieren, die Früchte müssen Sie aber vorher in mundgerechte Stücke schneiden. Steinobst bitte vor der Verarbeitung entsteinen. Die fertigen kandierten Früchte sind mindestens ein Jahr haltbar. Am besten bewahren Sie sie in einem Glas oder in einer Plätzchendose auf.

Besonders lecker wird es, wenn Sie die Früchte zur Hälfte mit Zartbitterschokolade überziehen. Und die übrig gebliebene Zuckerreduktion können Sie zum Süßen Ihres Tees verwenden. Sie schmeckt sehr intensiv nach den Früchten, die darin „gebadet" haben.

ZUBEREITUNG

1. Geben Sie den Zucker in einen Topf und gießen Sie das Wasser dazu. Erhitzen Sie das Zuckerwasser auf mindestens 100 °C (Thermometer) und kochen Sie das Ganze so lange, bis die Flüssigkeit etwas eingedickt ist.

2. Lassen Sie sie nun wieder auf 20 °C abkühlen und gießen Sie sie anschließend über die Früchte. Wenn Sie die Früchte vorher auf ein hitzebeständiges Sieb legen, das in den Topf oder Behälter passt, können Sie die Früchte am nächsten Tag problemlos herausheben. Ich verwende hierfür meinen Schnellkochtopf. Achten Sie peinlich genau darauf, dass alles vollständig mit der Flüssigkeit bedeckt ist.

3. Nach 24 Stunden die Früchte herausnehmen, die Flüssigkeit wieder auf über 100 °C erhitzen und nun auf 40 °C abkühlen lassen. Die Früchte wieder in die Zuckerlösung einlegen und erneut 24 Stunden warten.

4. Am dritten Tag die Flüssigkeit wieder auf mindestens 100 °C erhitzen, dann auf 60 °C abkühlen lassen und die Früchte wieder für 24 Stunden darin baden.

5. Am vierten Tag die Zuckerlösung wieder auf über 100 °C erhitzen, dieses Mal auf 80 °C abkühlen lassen und die Früchte wieder einlegen.

6. Am fünften Tag die Flüssigkeit ein letztes Mal auf mindestens 100 °C erhitzen, auf 90 °C abkühlen lassen und die Früchte weitere 24 Stunden lang in die heiße Zuckermasse einlegen. Die Zuckerlösung ist jetzt stark eingekocht und sehr zähflüssig.

7. Legen Sie nun die Früchte auf ein Gitter und lassen Sie sie an der Luft trocknen. Dies kann bis zu zwei Tage dauern.

8. Wälzen Sie die getrockneten Früchte in Zucker, dann kleben sie nicht aneinander.

FRUCHTLEDER (ZUCKERLI, GUTZI)

ZUTATEN

1 kg Früchte Ihrer Wahl (besonders gut eignen sich Erdbeeren, Blaubeeren, Himbeeren, Johannisbeeren)
1 Bio-Zitrone, nur der Saft
Etwas Honig, nach Belieben

Ergibt ein großes Backblech

Bei Kindern besonders beliebt ist Fruchtleder aus Blaubeeren, denn es färbt die Zunge so wunderbar dunkelblau.

ZUBEREITUNG

1. Die gewaschenen reifen Früchte in einen Mixer geben und zusammen mit dem Zitronensaft und dem Honig (falls verwendet) zu Mus pürieren. Wer die Kerne nicht mag, muss die Masse durch ein Sieb streichen. Ich kann Ihnen aber nur empfehlen, die Kerne in der Masse zu belassen, denn so werten Sie Ihr Gutzi noch mit ein paar Ballaststoffen auf.

2. Streichen Sie die Masse auf einem mit Backpapier ausgelegten Backblech sehr dünn aus und schieben Sie dann das Blech bei etwa 60 °C in den Ofen. Je nach Fruchtsorte kann der Trockenprozess mehrere Stunden dauern. Das Fruchtleder ist fertig, wenn auf Druck keine Flüssigkeit mehr austritt und es sich biegen lässt.

3. Schneiden Sie das Fruchtleder in lange Streifen und rollen Sie diese auf. Sie können es auch zusammen mit dem Backpapier schneiden, dadurch wird verhindert, dass das eingerollte Fruchtleder zusammenklebt.

Früher hatten wir in unserem Dorf einen kleinen Tante-Emma-Laden. Die Besitzerin, Frau Gohlke, hatte auf ihrem Tresen gefühlte 1000 Gläser stehen, die mit den leckersten Süßigkeiten gefüllt waren. Neben Lakritze, Mäusespeck und Bonbons gab es aber etwas noch viel Besseres: Unsere „Tante Emma" schnitt für 10 Pfennig Streifen von einem Fruchtleder ab, das seinesgleichen suchte. Als sie ihren Laden schließen musste, nahm sie das Geheimnis dieser Zuckerlis mit. Doch ich probierte immer wieder verschiedene Rezepte aus. Irgendwann begriff ich dann, dass weniger mehr ist und ein leckeres Fruchtleder eigentlich nur aus reifen, guten Früchten besteht. Wer es etwas süßer mag, kann ein wenig Honig hinzufügen.

Das Fruchtleder hält sich in einem luftdicht verschlossenen Glas, das dunkel und trocken aufbewahrt wird, mehrere Wochen, ja sogar Monate.

JOHANNISBEEREN

ZUTATEN

1 kg Johannisbeeren (rot, schwarz oder weiß)
Für die Zuckerlösung verwenden Sie
750 g Zucker auf 1 l Wasser

Ergibt 6 Gläser à 250 ml

Ich nehme immer kleine Gläser für kleine Portionen, denn dann kann ich die Johannisbeeren in meinem täglichen Müsli frisch genießen. Im Kühlschrank halten sich die angebrochenen Gläser 2–3 Tage. Auch Muffins lassen sich mit ein paar Johannisbeeren gut aufpeppen. Und mit dem ausgetretenen Saft, der im Glas zurückbleibt, kann man sich noch eine leckere Johannisbeerschorle mischen.

ZUBEREITUNG

1. Waschen Sie die Träubchen im Ganzen und legen Sie sie kurz zum Trocknen auf ein Küchentuch. Danach zupfen Sie die einzelnen Beeren von den Rispen oder „beeren" sie vorsichtig mithilfe einer Gabel ab, indem Sie die Rispen durch die Zinken ziehen.

2. Kochen Sie die Zuckerlösung einmal kurz auf.

3. Verteilen Sie die Johannisbeeren auf die Gläser.

4. Anschließend gießen Sie die kochend heiße Zuckerlösung über die Früchte.

5. Die Gläser mit Gummi, Deckel und Klammern verschließen und 30 Minuten bei 90 °C einkochen.

Sie können rote, schwarze oder auch weiße Johannisbeeren einkochen. Da die Beeren aber nicht lange lagern dürfen, sollten Sie sie möglichst schnell verarbeiten.

Johannis
beeren

SÜSSKIRSCHEN

Sommerzeit ist Kirschenzeit! Aber mir machen die Kirschbäume schon im Frühjahr große Freude: Wenn ich Ende April herumlaufe und sehe, wie unzählige Kirschbäume in voller Blüte stehen, denke ich mir jedes Mal, dass man nicht unbedingt nach Japan fliegen muss, um sich von diesem wunderbaren Anblick verzaubern zu lassen. Unsere heimischen Kirschbäume können da gut mithalten. Gleichzeitig hoffe ich aber auch, dass kein Spätfrost die zarten Blüten beschädigt und schicke immer ein kleines Stoßgebet gen Himmel.

Im Sommer endet dann so mancher Spaziergang bei mir schon mal mit leichten Bauchschmerzen, denn übermäßiger Kirschgenuss kann – wegen der verdauungsfördernden Wirkung der Früchte – unangenehme Krämpfe zur Folge haben. Kirschen sind aber trotzdem kleine Gesundheitspusher: Sie liefern uns Kalium, die Vitamine B1, B2, B6 und C, ein wenig Eisen, Folsäure und Niacin. Und seitdem ich weiß, dass 100 Gramm Süßkirschen gerade mal 60 Kalorien haben, greife ich noch lieber zu. Genuss ohne Reue!

Es gibt rund 400 verschiedene Kirschsorten. Bei Süßkirschen handelt es sich oft um die beliebten Knorpel- oder Knupperkirschen. Herzkirschen haben meist ein ganz dunkelrotes bis schwarzes Fruchtfleisch, daraus gekochtes Gelee ist fast schwarz und sehr aromatisch. Weil ihr schönes dunkles Fruchtfleisch aber sehr weich ist, sind diese Kirschen empfindlicher, schlechter transportfähig und gelangen deshalb nur selten in den Handel.

In der Erntezeit zwischen Juni und August sind die reifen, saftigen Vitaminbomben dann überall zu haben. Kirschen werden erst gepflückt, wenn sie auf den Punkt genau reif sind, denn sie reifen im Gegensatz zu anderem Obst nicht mehr nach. Die Früchte müssen kräftig gefärbt sein. Je intensiver die Kirsche leuchtet, desto aromatischer schmeckt sie. Wenn es sie dann zu kaufen gibt, müssen sie auch schnellstmöglich verzehrt oder weiterverarbeitet werden. Ein bis zwei Tage können Sie sie im Kühlschrank lagern, danach wird das Fruchtfleisch braun, und dann sind sie faulig. Breiten Sie Ihre Kirschen für die kurze Lagerung auf einem Tablett aus. Geben Sie keinesfalls alle Früchte in eine Schüssel, denn so bekommen sie Druckstellen und verderben noch schneller.

Waschen Sie die Kirschen immer vorsichtig (und nur kurz) in stehendem kaltem Wasser, da die dünne Haut der Kirschen sehr empfindlich ist und ein harter Wasserstrahl sie verletzen könnte. Erst nach dem Waschen wird der Stiel entfernt, damit die Kirsche beim Waschen nicht „ausblutet". Zum Entsteinen halbieren Sie die Kirschen mit einem kleinen Messer und kontrollieren Sie erst einmal, ob im Inneren ein kleines Würmchen wohnt. Ein Kirschentsteiner hat zwar den Vorteil, dass Sie damit schneller vorankommen, aber dafür können Sie auch nicht ins Innere der Früchte schauen.

Für mich sind sogar die Kerne, die häufig einfach weggeworfen werden, immer sehr kostbar. Denn sie enthalten Bittermandelöl, das beim Einlegen der Kerne in Alkohol an diesen abgegeben wird: Und so entsteht ein wunderbarer, intensiv schmeckender Kirschlikör. Ich finde es jedes Mal wieder faszinierend, dass sich der Alkohol rot färbt, nur weil kleine braune Kirschkerne darin liegen. Sorgfältig geputzt, getrocknet und in kleine Säckchen eingenäht, kommen die Kerne als Kirschkernkissen zum Einsatz. Sie lassen sich dann bei Bedarf im Backofen erwärmen oder im Kühlschrank kühlen. So können sie wahlweise als Wärme- oder Kältekissen Linderung an schmerzenden Körperstellen verschaffen. Ja und bei uns zu Hause finden sogar die Kirschstiele noch Verwendung: Sie wirken schleimlösend und werden mit in den Kräutertee für Husten- und Bronchitis-Patienten gegeben. “

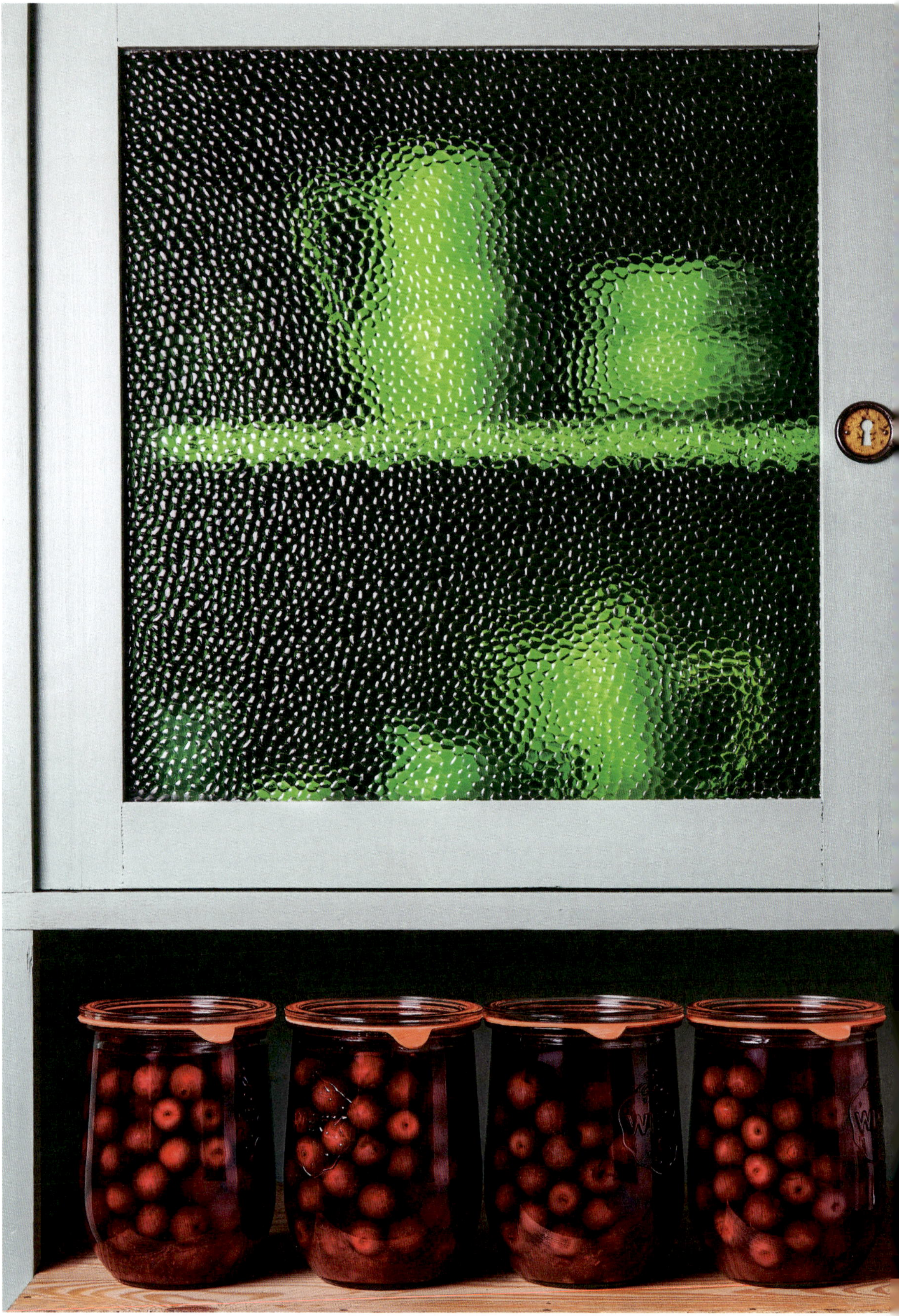

SÜSSKIRSCHEN IM WECKGLAS

ZUTATEN

1 kg frisch geerntete, reife Süßkirschen

Für die Zuckerlösung

300 g Zucker auf 1 Liter Wasser

Ergibt 2 Gläser à 1 Liter

ZUBEREITUNG

1. Verlesen Sie die Früchte und achten Sie penibel auf faulige Stellen. Kirschen, die nicht einwandfrei sind, dürfen nicht verarbeitet werden.

2. Waschen Sie die Kirschen kurz in einer Schüssel mit kaltem Wasser und entfernen Sie nach dem Waschen die Stiele.

3. Befüllen Sie die vorbereiteten sauberen Gläser mit den Kirschen. Dabei sollten die Früchte möglichst fest in die Gläser geschichtet werden.

4. Kochen Sie das Wasser mit dem Zucker auf, lassen Sie es abkühlen und befüllen Sie die Gläser damit bis knapp unter den Rand. Alle Gläser mit Gummiring, Deckel und Klammern verschließen und 30 Minuten lang bei 90 °C einkochen.

Sie brauchen die Kirschen vorher nicht zu entsteinen, die Früchte können mit Stein eingeweckt werden. Allerdings müssen Sie sich dann später die Mühe des Entsteinens machen, wenn Sie die Kirschen beispielsweise für einen Kuchen verwenden wollen.

Ein angebrochenes Glas können Sie 3–4 Tage im Kühlschrank aufbewahren.

Die eingeweckten Kirschen können Sie pur oder im Dessert genießen. Und noch ein Tipp: Mit ein paar Kirschen lassen sich alle dunklen Saucen verfeinern.

SCHWARZWÄLDER-KIRSCH

ZUTATEN

Für den Biskuitboden

70 g Kuvertüre, zartbitter
40 g Butter
3 Eier
90 g Zucker
50 g Mehl
25 g Speisestärke
1 TL Backpulver

Für die Füllung

1 Glas eingeweckte Kirschen (alternativ ein Glas Sauerkirschen)
dazu den aufgefangenen Saft der Kirschen
4 gestrichene EL Speisestärke
2 EL Zucker
50 ml Kirschkern-Amaretto (oder Kirschwasser … Für Kinder geht es auch ohne.)
250 ml Schlagsahne
2 Päckchen Vanillezucker

Für die Deko

Kandierte, frische oder eingeweckte Kirschen
Raspelschokolade

Außerdem

Schöne Gläser zum Anrichten

Die angegebene Menge reicht für 6–8 Personen

Wenn es mal schnell gehen muss, können Sie auch einen fertig gekauften dunklen Tortenboden verwenden.

ZUBEREITUNG BISKUIT

1. Den Backofen auf 175 °C (Ober- und Unterhitze; 150 °C bei Umluft) vorheizen. Für den Biskuitboden die Kuvertüre mit Butter im warmen Wasserbad schmelzen.

2. Die Eier trennen, die Eiweiß zu sehr steifem Schnee schlagen und zur Seite stellen. Die Eigelbe mit Zucker schaumig rühren. Das Kuvertüre-Buttergemisch unterziehen.

3. Mehl mit Speisestärke und Backpulver über den Eischnee sieben und locker unter die Eigelb-Zucker-Masse ziehen. Der Teig muss behutsam behandelt und vorsichtig gerührt werden.

4. Den Biskuitteig auf einem mit Backpapier ausgelegten Backblech ausstreichen und im vorgeheizten Backofen bei 175 °C etwa 30 Minuten backen, bis er ganz leicht anbräunt. Auskühlen lassen (Kuchengitter) und dann mit einem der vorbereiteten Dessertgläser Kreise ausstechen.

ZUBEREITUNG FÜLLUNG

1. Für die Füllung die Kirschen durch ein Sieb gießen und den Saft auffangen.

2. Die Speisestärke mit dem Zucker vermischen und mit ein wenig Kirschsaft glatt rühren. Den restlichen Kirschsaft zum Kochen bringen, die angerührte Speisestärke hineingeben und einmal kurz aufkochen lassen. Dann die Kirschen zufügen und die Masse erkalten lassen. Wer mag, kann jetzt die Hälfte des Kirschkern-Amarettos zufügen.

3. Die Sahne mit dem Vanillezucker steif schlagen. Einen ausgestochenen Boden in ein Glas legen und mit Kirsch-Amaretto aromatisieren. Eine Lage angedickte Kirschen und dann eine Lage Sahne daraufgeben. Nun folgt wieder ein Biskuitboden, und so schichten Sie immer weiter. Enden Sie mit einer Schicht Sahne und verzieren Sie Ihr Dessert nach Lust und Laune. Es kann im Kühlschrank „ruhen", bis die Gäste kommen.

KIRSCHKERNLIKÖR
(„FALSCHER AMARETTO")

ZUTATEN

Gut 2 Tassen Kirschkerne
150 g weißer Kandiszucker
850 ml Doppelkorn (38 % Vol.)

**Für 1 Liter Likör/
4 Fläschchen à 250 ml**

Dieses Rezept funktioniert übrigens auch gut mit Zwetschgenkernen!

ZUBEREITUNG

1. Eine 1,5-Liter-Glasflasche mit Schraubverschluss knapp bis zur Hälfte mit Kirschkernen füllen.

2. Den Kandiszucker hinzugeben und dann mit dem Doppelkorn aufgießen.

3. Die Flasche gut verschließen und 8 Wochen lang an einem kühlen Ort aufbewahren, damit der Inhalt gut durchziehen kann. Hin und wieder ein bisschen schütteln.

4. Nach den 8 Wochen den Likör durch einen Kaffeefilter abseihen, in hübsche Fläschchen füllen und über das wunderbare Aroma staunen!

Und warum schmeckt der Doppelkorn jetzt nach Amaretto? Ganz einfach: Weil die Kerne Blausäure und Bittermandelöl enthalten. Durch die Einwirkung des Alkohols wird die Säure-Öl-Verbindung gespalten. Die Blausäure verflüchtigt sich (denn sie wird ab Zimmertemperatur gasförmig), und das leckere Bittermandelaroma bleibt im Alkohol zurück.

TOMATEN

Einmal in der Woche kommt der Gemüsehändler zu uns ins Dorf. Aus dem „Knoblauchsland" (so wird das Anbaugebiet um Nürnberg genannt) bringt er die größten Gemüseköstlichkeiten mit. Zu ihm gehe ich immer ohne Einkaufszettel und entscheide ganz spontan, was ich dieses Mal wieder mitnehmen werde. Also richtet sich unser Speiseplan für die nächsten Tage nach dem saisonalen Angebot des Händlers.

Heute hatte er so wunderbare dunkelrote Tomaten dabei. Man konnte ihnen förmlich ansehen, dass sie mit Sonnenenergie geladen waren. Ich habe dem Gemüsehändler von meinem selbst gemachten Tomatenketchup vorgeschwärmt und ihn wohl mit meiner Begeisterung für „Ketchup homemade" angesteckt. Er hat mir nämlich drei Kilo der herrlichen Tomaten in meinen Einkaufskorb gelegt und sie mir geschenkt. Einfach so. Mit einem breiten Lächeln im Gesicht meinte er: „Das Ketchup würd ich gerne auch mal probieren". Beim nächsten Einkauf bringe ich ihm ein Fläschchen mit. Danke, lieber „Gmüsi"!

Um die Jahrhundertwende waren Tomaten bei uns nur als Zierpflanzen bekannt. Man nannte sie damals „Paradies-" oder „Liebesapfel". Heute jedoch sind sie aus unserer Küche gar nicht mehr wegzudenken.

Wenn man bedenkt, dass es weltweit mehr als 3000 verschiedene Tomatensorten gibt, wundere ich mich doch über das schmale Angebot in unseren Supermärkten. Die roten Früchte, die dort liegen, sehen alle gleich aus, schmecken oft wässrig und langweilig und haben mit sonnengereiften Tomaten nicht viel gemeinsam. Halten Sie auf dem Wochenmarkt nach außergewöhnlichen Sorten Ausschau. Der Geschmack solcher reifer Tomaten ist ganz vielfältig. Greifen Sie zu, wenn Sie die Möglichkeit haben, schwarze, gelbe, violette oder grüne Tomaten zu kaufen. Auch bei den Formen gibt es unzählige Varianten. Manche Gemüsehändler haben sich wieder auf die alten, geschmacksintensiven Sorten spezialisiert.

Falls Sie die gekauften Tomaten nicht gleich verarbeiten können, sollten Sie sie am besten bei 13 bis 18 °C lagern. So halten sie sich bis zu 14 Tage. Bewahren Sie die Tomaten auf keinen Fall im Kühlschrank auf, dort verlieren sie an Geschmack und verderben schneller. Tomaten scheiden das Reifegas Ethen aus, was anderes Obst und Gemüse schneller reifen lässt, weshalb man sie separat lagern sollte.

“

Suchen Sie immer das Gespräch mit Ihren Gemüsehändlern. Fragen Sie nach der Herkunft der angebotenen Produkte und lassen Sie sich auch über die Zubereitungsmöglichkeiten beraten. Der eine oder andere hilfreiche Tipp wird immer dabei sein.

TOMATEN SÜSSSAUER

ZUTATEN

1 kg Tomaten (nicht zu reif, sonst zerfallen sie beim Kochen)
375 ml milder Apfelessig
3 Zwiebeln
1 Bio-Zitrone, Saft und Schale
250 g brauner Zucker
250 g weißer Haushaltszucker
3 Gewürznelken
½ TL Senfkörner
1 Ceylon-Zimtstange
½ TL Kräutersalz

Ergibt je nach Größe der Tomaten 4–5 Gläser à 500 ml

ZUBEREITUNG

1. Die Tomaten waschen und die grünen Stielansätze mit einem scharfen Messer herausschneiden.

2. Legen Sie die Tomaten in ein hohes Gefäß, übergießen Sie sie mit dem Apfelessig und lassen Sie sie an einem kühlen Ort über Nacht zugedeckt ziehen.

3. Am nächsten Tag die Tomaten in ein Sieb abgießen und den Apfelessig dabei in einem Topf auffangen.

4. Die Zwiebeln schälen und in feine Ringe schneiden.

5. Die Schale der Zitrone fein abreiben, anschließend die Frucht auspressen.

6. Den Apfelessig mit Zucker, Zwiebeln, Gewürzen, Zitronensaft und -schale kräftig aufkochen.

7. Nun die Tomaten vorsichtig mit einem Schaumlöffel in die Essig-Zucker-Lösung einlegen, kurz aufkochen lassen, mit dem Schaumlöffel wieder herausheben und in die sauberen vorbereiteten Gläser füllen. Die heiße Flüssigkeit vorsichtig über die Tomaten gießen und die Gläser sofort mit den Deckeln verschließen. Die Tomaten müssen vollständig mit Flüssigkeit bedeckt sein.

Die Tomaten kühl und dunkel aufbewahren und innerhalb von 6 Wochen verbrauchen.

Reichen Sie die süßsauren Tomaten zum Abendbrot.

WIESEN-KETCHUP

ZUTATEN

3 kg sehr reife, makellose Strauchtomaten
5 kleine Zwiebeln
½ kleine rote Chilischote
2 TL neutrales Pflanzenöl
150 g brauner Zucker
250 ml milder Apfelessig oder weißer Balsamico
3 Pimentkörner
150 g Tomatenmark
1 TL Kräutersalz
Pfeffer

Nach Belieben:
5 Stängel Gundermann, Thymian und Majoran, 1 Prise Zimt, Ingwer, 4 EL Orangensaft

Ergibt 3 Liter

Auch ein leckeres Curry-Ketchup lässt sich ganz leicht selbst herstellen: Geben Sie zusammen mit dem Tomatenmark noch 2 TL Currypaste (aus dem Asia-Laden) in die Masse.

ZUBEREITUNG

1. Die Zwiebeln schälen und nicht zu fein würfeln. Die Chilischote der Länge nach aufschneiden, die Kerne entfernen und die Chili sehr fein hacken. Die Tomaten vierteln.

2. Das Öl in einem großen Topf erhitzen und die geschnittenen Zwiebeln darin kurz anschwitzen. Den braunen Zucker zugeben und die Zwiebeln unter ständigem Rühren leicht karamellisieren lassen. Das Tomatenmark hinzufügen und etwas mitrösten.

3. Die karamellisierten Zwiebeln mit dem Apfelessig ablöschen und die Masse leicht einköcheln lassen.

4. Die Tomatenviertel, die feingehackte Chili, die Pimentkörner sowie die anderen Kräuter und Gewürze (falls verwendet) zugeben.

5. Mit Kräutersalz und Pfeffer abschmecken. Die Tomatenmasse auf mittlerer Flamme unter gelegentlichem Umrühren etwa 45 Minuten lang einköcheln lassen.

6. Das fast fertige Ketchup nun durch die Flotte Lotte drehen. (Wer keine Passiermühle hat, kann die Masse auch durch ein grobmaschiges Sieb streichen.)

7. Nochmals abschmecken, in zuvor ausgekochte (!) Glasflaschen füllen und diese sofort fest verschließen.

Das Ketchup hält sich in den Flaschen 4 Monate. Angebrochene Flaschen sollten im Kühlschrank aufbewahrt und ihr Inhalt innerhalb einer Woche verbraucht werden.

GETROCKNETE TOMATEN

ZUTATEN

1 kg reife Tomaten
Kräutersalz
Rosmarin, Majoran, Thymian

Ergibt ca. 50 g getrocknete Tomaten. Mit Öl aufgegossen reicht das für 3 Gläser à 250 ml.

ZUBEREITUNG

Waschen Sie die Tomaten und schneiden Sie sie längs in zwei Hälften. Kratzen Sie mit einem Teelöffel das Innere heraus, werfen Sie es aber nicht weg, denn dieses Fruchtfleisch können Sie gut einfrieren und dann in die nächste Tomatensauce geben.

Das Trocknen:

Tomaten lassen sich hervorragend trocknen und im getrockneten Zustand weiterverarbeiten. Zum Trocknen der „Paradiesäpfel" gibt es mehrere Möglichkeiten:

Im Backofen: Legen Sie die Tomaten mit der Schnittfläche nach oben auf ein mit Backpapier ausgelegtes Backblech. Streuen Sie das Salz und die Kräuter darüber. Bei maximal 70 °C und leicht geöffneter Ofentür (Kochlöffel einklemmen), damit die austretende Flüssigkeit entweichen kann, werden die Tomaten dann etwa 5–6 Stunden getrocknet.

An der Sonne: An heißen Sommertagen funktioniert das ganz einfach und ohne jeglichen Energieaufwand. Legen Sie dazu die Tomaten mit der Schnittfläche nach oben auf ein mit Backpapier ausgelegtes Backblech, streuen Sie Salz und Kräuter darüber und decken Sie sie mit einem Fliegennetz ab. Je nach Witterung kann das Trocknen auch mal bis zu 2 Tage dauern.

Im Dörrapparat: Die Tomaten in den Dörrapparat auf alle Tabletts legen und nach Gebrauchsanweisung dörren. Dauer: rund 5–6 Stunden.

Die Tomaten sind trocken, wenn beim Druck darauf keine Feuchtigkeit mehr austritt und sie sich gut biegen lassen. Die fertigen getrockneten Tomaten können Sie jetzt in Öl einlegen oder nach Lust und Laune (und Geschmack) an Saucen geben.

GEMÜSEGARTEN

IM GLAS

„An verschneiten Wintersonntagen blättere ich gerne bei einer Tasse Tee in den Saatgutkatalogen. Ich fertige mir jedes Jahr einen neuen Plan an, in welches Beet ich welches Gemüse pflanzen möchte. Sobald es im zeitigen Frühjahr irgendwie möglich ist, grabe ich in meinem kleinen Gemüsegarten herum und bereite die Beete vor. Den Zeitpunkt im einst gelernten Rat „Lässt der Boden sich noch kneten, darf die Bäuerin den Garten noch nicht betreten" kann ich nicht immer abwarten.

Auf den Fensterbänken im Haus stehen überall kleine selbst gezogene Pflänzchen, die ich nach den Eisheiligen auspflanze. Und ab dann wird gepflegt, gegossen, gehackt, gemulcht und beobachtet, wie sich meine Pflanzenschätze entwickeln.

Der Gemüsegarten sorgt auch immer für Gesprächsstoff unter Freunden und in der Familie. „Was hast du heuer gepflanzt? Wie weit sind deine Bohnen? Ist Hühnermist oder doch Pferdemist besser für die Beete?"

Voller Stolz zeige ich meinen Besuchern immer meinen kleinen Kartoffelacker, und für mich kann keine englische Rose mit einer schönen Zucchiniblüte mithalten.

Ab Juni sind dann die ersten Gemüse „fällig". Welche Freude, die selbst angebauten Gurken, Karotten, Roten Beten, Zwiebeln und Zucchini zu ernten! Zugegeben: Manchmal wäre es mir auch lieber, wenn nicht gefühlt alles zur selben Zeit reif würde. Ich plane für die Monate Juni, Juli und August nie größere Aktivitäten, denn die Verarbeitung des Gartengemüses nimmt viel Zeit in Anspruch. Allerdings profitiere ich später sehr davon, wenn ich einmal wenig Zeit zum Kochen habe und auf die fertigen Gemüse-Gläser zurückgreifen kann.

Ruck, zuck! lässt sich aus den eingeweckten Bohnen und der Roten Bete ein leckerer Salat zaubern. Der gute Geschmack und die Gewissheit, dass in meinen Gläsern keinerlei Chemie und Konservierungsstoffe stecken, bewirken, dass ich jedes Jahr noch mehr Gemüse anbaue und stets nach ausgefallenen alten Saatgutbeständen Ausschau halte.

Ganz besonders freut es mich aber, wenn meine nette Nachbarin über den Zaun spitzt und wir immer die Zeit finden, die neuesten Neuigkeiten auszutauschen (hier in Franken sagt man auch „a bisserla an Draatsch" halten). Wir tauschen dann auch noch ganz geschwind Bohnen gegen Gurke, Zucchini gegen Tomate, Zwiebel gegen Karotte und was sonst noch übrig ist, und gehen dann mit noch volleren Körben zurück ins Haus. “

ESSIGGURKEN
WIE VON OMA ELSE

ZUTATEN

5 kg mittelgroße Einlegegurken
4 l Essigsud (vorbereitet, aus 1,5 l Weinessig, 2,5 l Wasser und 100 g Zucker gekocht)
12 kleine Zwiebeln
6 Knoblauchzehen
6 TL Senfkörner
36 schwarze Pfefferkörner
12 Zweige frischer Dill
12 kleine Lorbeerblätter

Ergibt 12 Gläser à 1 Liter

ZUBEREITUNG

1. Die Gurken müssen sauber abgebürstet und sorgfältig gewaschen werden. Schneiden Sie die Enden minimal ab, gerade so viel, dass die Blüte und der Stielansatz entfernt werden.

2. Die Zwiebeln werden in feine Ringe geschnitten. Der Knoblauch kann in Scheiben geschnitten oder auch geviertelt werden. Schichten Sie nun die Gurken locker in die vorbereiteten Gläser und verteilen Sie die anderen Zutaten darüber: Geben Sie in jedes Glas einen halben Teelöffel Senfkörner, 3 Pfefferkörner, einen Zweig frischen Dill und ein kleines Lorbeerblatt.

3. Jetzt gießen Sie den abgekühlten Essigsud über die Gurken. Gläser mit Gummiring, sterilem Deckel und Klammern verschließen. Bei 90 °C 35 Minuten lang einkochen.

Die Gurken dürfen nicht zu groß und sollten möglichst gerade gewachsen sein. Am besten bestellen Sie passende bei Ihrem Gemüsehändler. Probieren Sie die Gurken, ob sie bitter sind. Wenn ja, eignen sie sich nicht zum Einkochen!

Meiner Erfahrung nach lieben vor allem (aber nicht nur) Kinder eine dicke saure Gurke auf die Hand als Snack zwischendurch!

GURKEN SÜSSSAUER MIT DILL

ZUTATEN

1 kg kleine Einmachgurken oder Salatgurken
2 TL Salz
10 kleine Zwiebeln
1 EL gelbe Senfkörner
12 schwarze Pfefferkörner
4 Zweige frischer Dill
0,5 l Essigsud (vorbereitet, aus 200 ml Weinessig, 300 ml Wasser und 50 g Zucker, gekocht, abgekühlt)

Ergibt 4 Gläser à 500 ml

Falls Sie es etwas schärfer mögen, können Sie die Pfefferkörner in einem Mörser zerstoßen oder in jedes Glas zusätzlich ein kleines Stück Rettich hineingeben.

ZUBEREITUNG

1. Die reifen Gurken müssen geschält und halbiert werden. Kratzen Sie erst mit einem Messer oder Esslöffel die Kerne heraus und schneiden Sie die Gurken dann in etwa 1,5 Zentimeter dicke Stücke. Legen Sie die Gurkenstückchen in eine Schüssel und bestreuen Sie sie mit Salz. Abgedeckt über Nacht im Kühlschrank ruhen lassen.

2. Am nächsten Tag das ausgetretene Wasser wegschütten und die Gurken trocken tupfen.

3. Schneiden Sie die Zwiebeln in feine Ringe.

4. Geben Sie nun die Gurken in die vorbereiteten Gläser und füllen Sie die Senf- und Pfefferkörner, den Dill und die Zwiebeln in die Zwischenräume.

5. Stellen Sie eine Essig-Zucker-Lösung her, indem Sie den Weinessig zusammen mit dem Wasser und dem Zucker so lange aufkochen, bis sich der Zucker aufgelöst hat. Lassen Sie den Sud abkühlen, gießen Sie ihn dann über die Gurken und verschließen Sie die Gläser mit Gummiring, Deckel und Klammern. Kochen Sie die Gurken bei 90 °C 20 Minuten lang ein.

GRÜNE BOHNEN

ZUTATEN

1 kg grüne Bohnen
2–3 l Wasser

Ergibt 4 Gläser à 500 ml

Aus den eingeweckten grünen Bohnen lässt sich ruck, zuck! ein Bohnensalat mit einer Essig-Öl-Marinade zubereiten oder eine tolle Bohnensuppe kochen.

ZUBEREITUNG

1. Kochen Sie 2–3 Liter Wasser auf und lassen Sie es wieder abkühlen.

2. Waschen Sie die grünen Bohnen kurz unter fließend kaltem Wasser und schneiden Sie beide Enden mit einem Messer ab. Die Schnittflächen der Enden werden schnell braun, deshalb empfiehlt es sich, zügig zu arbeiten und die Bohnen nicht allzu lange an der Luft liegen zu lassen.

3. Blanchieren Sie die vorbereiteten Bohnen in kochendem Wasser etwa 3 Minuten lang und füllen Sie sie anschließend in die vorbereiteten Gläser. Dann das abgekochte und erkaltete Wasser über die Bohnen gießen und sie bei 100 °C 120 Minuten lang einkochen.

Falls Sie einen eigenen Garten besitzen und selbst Bohnen anbauen können, empfehle ich Ihnen, sich auf solche Sorten zu konzentrieren, die zart sind und nur kleine Kerne (Samen) enthalten. Wenn Sie die Bohnen auf dem Markt kaufen, dann lassen Sie sich eine Bohne aufschneiden, prüfen Sie die Zartheit und gucken Sie hinein. So erleben Sie beim Kochen keine bösen Überraschungen.

ROTE BETEN IN ESSIGSUD
(ROTE RÜBEN, ROTE RAHNEN)

ZUTATEN

2,5 kg Rote-Bete-Knollen
1 l Weinessig auf 1 l Wasser
1 kleines Stück Meerrettichwurzel
10 schwarze Pfefferkörner
3 Pimentkörner
1 Lorbeerblatt

Ergibt 8–9 Gläser à 500 ml

Die Rote-Bete-Knollen sollten zur Weiterverarbeitung möglichst alle ungefähr gleich groß sein. Sie sind ausgereift, wenn das Fruchtfleisch dunkelrot ist. Schneiden Sie die Blätter aber nicht zu dicht an der Knolle ab (am besten drehen Sie die Blätter ab, wie beim Kohlrabi, anstatt sie abzuschneiden), sonst besteht die Gefahr, dass die Knolle „ausblutet". Werfen Sie die Blätter nicht weg! Verarbeiten Sie dieses leckere Grün in einem Smoothie oder peppen Sie mit zarten Blättchen Ihren Salat auf.

ZUBEREITUNG

Vorneweg: Zum Schutz der Hände Einmalhandschuhe anziehen und ansonsten gut achtgeben, denn die leuchtend pink-lila Flecken von Roter Bete kriegen Sie nie mehr raus!

1. Die Rote-Bete-Knollen müssen vor dem Einkochen vorgekocht werden (je nach Größe ungefähr 30–40 Minuten). Wenn die Knollen weich sind, kurz mit kaltem Wasser abschrecken, dann lässt sich die Schale leicht abziehen.

2. Die enthäuteten Rüben nun in nicht zu dünne Scheiben schneiden. Wenn Sie dazu ein Wellenschnittmesser verwenden, sehen die Scheiben besonders schön aus. Die Scheiben in eine Metallschüssel geben. (**Achtung:** Kunststoffschüsseln können sich verfärben!)

3. Wasser mit Essig vermischen, aufkochen und heiß über die Rote-Bete-Scheiben gießen. Fügen Sie den Meerrettich, Pfeffer- und Pimentkörner und das Lorbeerblatt hinzu und stellen Sie die Schüssel abgedeckt über Nacht in den Kühlschrank. Am nächsten Tag die Rote-Bete-Scheiben auf die vorbereiteten Gläser verteilen, mit der Brühe (die Gewürze vorher rausfischen oder die Brühe abseihen) übergießen, die Gläser fest verschließen und das Gemüse bei 100 °C 30 Minuten einkochen.

Alternativ: süßsauer

Gehen Sie genauso vor, wie oben beschrieben, übergießen Sie die Beten aber statt mit Essigsud mit einer kochend heißen Zucker-Essig-Lösung (500 g Zucker auf 1 l Essig). Gewürzt wird mit 3 Gewürznelken, 1 TL Senfkörnern und 1 großen Stück geschältem Ingwer. Die abgedeckte Schüssel über Nacht in den Kühlschrank stellen und die Beten dann in ihrem Sud (aber ohne die Gewürze) einkochen (ebenfalls wie oben beschrieben).

ROTE-BETE-KNÄCKEBROT

ZUTATEN

1 kleine Rote-Bete-Knolle, vorgekocht
170 g Mehl
100 g Hartweizengrieß
4 g Trockenhefe oder 10 g frische Hefe
½ TL Kräutersalz
60 ml hochwertiges Raps- oder Olivenöl
2 EL Öl, Pfeffer, Chiliflocken, Salz zum Bestreichen und Bestreuen

Nach Belieben

Mohn, Leinsamen, Rosmarin, Sonnenblumenkerne etc.

Ergibt 2 kleine Backbleche

Als Partysnack oder auf Kindergeburtstagen wird das Knäckebrot zum besonderen Hit, wenn es vor dem Backen in Stücke (z. B. in Dreiecke) geschnitten oder mit einem Plätzchenausstecher in Form gebracht wurde.

ZUBEREITUNG

1. Die Rote-Bete-Knolle mit der Schale kochen, abkühlen lassen und enthäuten. In kleine Würfel schneiden und diese fein pürieren.

2. Mehl, Hartweizengrieß, Hefe, Salz und Öl zu dem Rote-Bete-Püree geben und alles zu einem glatten Teig vermengen. Bei Zimmertemperatur eine halbe Stunde ruhen lassen.

3. Den Backofen auf 220 °C (Ober- und Unterhitze; Umluft 200 °C) vorheizen.

4. Den Teig in zwei Hälften teilen, zwischen zwei Klarsichtfolien (oder Backpapierbögen) legen und sehr dünn ausrollen.

5. Legen Sie die beiden dünnen „Platten" auf ein mit Backpapier ausgelegtes Backblech und bestreichen Sie die Oberflächen mit Öl. Bestreuen Sie Ihr Knäckebrot nach Belieben mit Salz, Pfeffer, Chiliflocken oder anderen Sämereien (Mohn, Leinsamen, Sesamkörnchen oder Sonnenblumenkerne, Rosmarin oder was Sie sonst noch gerne mögen).

6. Das Knäckebrot im vorgeheizten Ofen bei 220 °C für etwa 10–15 Minuten backen. Wenn das Knäckebrot ausgekühlt ist, kann es in Stücke gebrochen werden, es muss aber noch mindestens 2 Stunden bei Zimmertemperatur trocknen. In gut verschlossenen Dosen oder Gläsern können Sie es mindestens 3 Monate lang aufbewahren.

GELBE-RÜBEN-MARMELADE

ODER „FLOTTI-KAROTTI"

ZUTATEN

1 kg eigene Garten- oder gekaufte Bio-Karotten
100 ml Orangensaft, frisch gepresst
100 ml Apfelsaft
50 ml Zitronensaft
3 EL Rum oder Orangenlikör
2 TL Bio-Zitronenschale, fein abgerieben
400 g Zucker
250 g Gelierzucker 2:1

Ergibt 8 Gläser à 200 ml

Wer es ein bisschen schärfer mag, kann ein kleines Stück Ingwer fein reiben und mitkochen. Eine kleine Prise Pfeffer oder Chili geben der Marmelade eine würzige Note.

ZUBEREITUNG

1. Die Gläser und Deckel vorbereiten.

2. Die Karotten schälen und fein reiben. Zusammen mit dem Orangensaft, dem Apfelsaft und dem Zitronensaft in einen nicht zu kleinen Topf geben, alles gut vermengen und aufkochen. Die Masse etwa 20 Minuten leise köcheln lassen und gelegentlich umrühren. Nach 20 Minuten probieren, ob die Karotten schon weich sind.

3. Jetzt den Zucker zugeben – und wer mag, kann auch einen kleinen Schuss Rum oder Orangenlikör hineingießen. Den Zitronenschalenabrieb unterrühren und die Masse weitere 30 Minuten lang leicht köcheln lassen.

4. Die Hälfte der Gelbe-Rüben-Masse aus dem Topf schöpfen, fein pürieren und zurück in den Topf geben. Den Gelierzucker hinzufügen und das Ganze 4 Minuten sprudelnd kochen lassen.

5. Machen Sie nun eine Gelierprobe, und wenn die Masse die gewünschte Festigkeit erreicht hat, verteilen Sie sie auf die Gläser. Achten Sie dabei darauf, dass etwa noch 1 Zentimeter Platz nach oben zum Glasrand bleibt und dieser auf keinen Fall verschmutzt wird. Die Gläser fest verschließen und im Einkochtopf 10 Minuten bei 100 °C einkochen oder in saubere Twist-off-Gläser füllen und diese sofort verschließen. Fertige Twist-off-Gläser noch für einige Minuten auf den Kopf stellen.

Bei uns in Franken heißen Karotten „Gelbe Rüben". Möhren sucht man im Bayerischen Kochbuch vergeblich, und sagt jemand Karotte, so hat er sich selbst – unfreiwillig – sofort als „Zugereister" geoutet. Egal, wie Sie diese Wurzel nennen, achten Sie beim Einkauf immer auf beste Qualität (am besten mit Grün), denn nur wer gute Rüben ins Glas packt, wird auch mit einer wohlschmeckenden Marmelade belohnt.

GEMÜSE-WÜRZPASTE

ZUTATEN

150 g Knollensellerie, fertig vorbereitet
200 g Möhren, fertig vorbereitet
1 Petersilienwurzel
1 kleine Stange Lauch
2 kleine Zwiebeln
1 Knoblauchzehe
1 Bund Petersilie
Ein paar kleine Stängel Liebstöckel
150 g Salz

Ergibt 1 Kilo Würzpaste

ZUBEREITUNG

1. Waschen Sie das Gemüse und die Kräuter unter fließend kaltem Wasser und schälen Sie alles Gemüse, das nicht bio ist.

2. Anschließend müssen Sie alles so fein wie möglich hacken. Das funktioniert am besten in einem Mixer, einer Küchenmaschine oder mit einem Blitzhacker. Haben Sie Möhren und Sellerie mit Blattgrün, können Sie das ebenfalls mitverwenden. Füllen Sie das fein gehackte Gemüse in eine große Schüssel, fügen Sie das Salz hinzu und mischen Sie alles gründlich durch. Die Gemüsemasse muss so lange umgerührt werden, bis sich das Salz vollständig aufgelöst hat. Ist das geschafft, haben Sie die Gemüsemasse in eine Würzpaste verwandelt.

3. Füllen Sie die Paste in saubere Gläser. Durch das Salz konserviert, hält sie sich im Kühlschrank rund ein Jahr. Achten Sie sorgfältig darauf, die Würzpaste immer nur mit einem wirklich sauberen Löffel aus dem Glas zu entnehmen, ansonsten werden Keime übertragen, und die Paste würde schnell verderben. Sie können die Paste auch portionsweise in Eiswürfelbehältern einfrieren und bei Bedarf Ihre Suppe mit einem Würfel geschmacklich aufpeppen.

Bitte beachten Sie, dass bei den Angaben der Gemüsemengen das fertig vorbereitete Gemüse gemeint ist. Rechnen Sie also beim Einkaufen mit ein, dass eine relativ große Menge weggeschält wird. Falls Sie Bio-Gemüse verwenden, können Sie die Schale (nach gründlichem Waschen) jedoch mitverwenden. Die Gemüse lassen sich nach Belieben variieren – geeignet sind alle roh verzehrbaren Sorten, wie etwa Pastinake, Rote Bete, Staudensellerie etc. Und auch Ihre Lieblingskräuter können Sie hineinmixen. Nur die Mengenangaben als solche sollten Sie einhalten, damit das Verhältnis Salz : Gemüse stimmt. Denn das Salz konserviert die Paste!

GEWÜRZPASTE

HERBST

DIE OBSTERNTE

„Ich habe etliche Jahre nach einem geeigneten Stückchen Land mit Obstbaumbestand gesucht. Viele Streuobstwiesen waren entweder zu groß oder zu klein, einige hatten eine Hanglage, andere waren nur zu Fuß erreichbar. Ich wollte aber ein Grundstück haben, das ich alleine bewirtschaften und wohin man zur Apfelernte mit dem Traktor fahren kann. Solche Streuobstwiesen bleiben jedoch meist in Familienbesitz und werden an die nächste Generation weitergegeben. Allerdings können sich leider immer weniger junge Leute bei uns im Dorf für eigenes Obst, die Ernte und die damit verbundene Pflege der Bäume begeistern. Man kann zusehen, wie immer mehr Früchte auf den Wiesen als Fallobst ungenutzt liegen bleiben und verderben.

Dann bot mir ein alter Mann seine Wiese mit 30 Obstbäumen zum Kauf an, denn auch seine Kinder hatten kein Interesse daran. Dieser Kauf stellte sich als absoluter Glücksgriff heraus: Der Vater des Vorbesitzers hatte nämlich mit Bedacht und System schon seinerzeit alte robuste Obstsorten gepflanzt. Und so können wir jetzt Kirschen, Birnen, Zwetschgen, Pflaumen, Nüsse, Mirabellen und Äpfel ernten. Bei den Apfelbäumen hat er sogar

auf frühe und späte Sorten geachtet. Aus den Kläräpfeln kann ich tolles Apfelkompott machen, die späten Sorten (beispielsweise Rheinischer Winterrambur) gut einlagern oder als Backäpfel hernehmen und leckeren Apfelkuchen daraus zaubern. Die Sorte Boskop eignet sich auch noch hervorragend zum Pressen von Apfelsaft.

Vielleicht haben Sie bei sich ja die Möglichkeit, einen Baum zu pflanzen. Es gibt für jede Gartengröße und jedes Klima den richtigen Obstbaum. Fragen Sie in einer Baumschule nach alten Sorten. Erfahrungsgemäß führen gut geführte Baumschulen robuste, ertragreiche Bäume. Ich persönlich bevorzuge beim Pflanzen Hochstämme. Das Argument, ein Mittelstamm ließe sich besser beernten, kann ich nicht nachvollziehen, denn es kommt einfach auf den richtigen Erziehungsschnitt an. Und denken Sie auch an Ihre Kinder und Enkelkinder. Es gibt doch nichts Schöneres, als auf einen Baum zu klettern und die Welt von oben zu betrachten. Wann sind Sie eigentlich das letzte Mal auf einen Baum gekraxelt? Probieren Sie es doch einfach wieder einmal aus!

Für alle, die keinen eigenen Garten haben, ist eine Baumpatenschaft eine tolle Alternative. Viele Gemeinden bieten (meist kostenlos) einen Baum auf einer Streuobstwiese zur Betreuung an. Sie müssen lediglich den Baum pflegen und beernten. Für den alljährlichen Erziehungsschnitt des Baums lassen Sie sich am besten von einem Fachkundigen beraten, oder Sie besuchen einen der Schnittkurse, die viele Obst- und Gartenbauvereine abhalten. Sie werden sehen, wie viel Spaß die Ernte im Herbst macht, und vor allem Kinder helfen liebend gerne mit. “

BIRNEN (WER MAG, MIT ZIMT UND RUM)

ZUTATEN

1,5 kg Birnen
250 g Zucker
1 l Wasser
1 EL Zitronensaft
½ Ceylon-Zimtstange
4 EL Rum

Ergibt etwa 4 Gläser à 300 ml

Jedes Mal, wenn meine Mutter für ihre Enkelkinder ein Glas Birnen öffnet, singt sie das alte Kinderlied: „Spannenlanger Hansel, nudeldicke Dirn, geh'n wir in den Garten, schütteln wir die Birn'n. Schüttel ich die großen, schüttelst du die klein'n, wenn das Säckchen voll ist, geh'n wir wieder heim. ‚Lauf doch nicht so eilig, spannenlanger Hans! Ich verlier die Birnen und die Schuh noch ganz.' ‚Trägst ja nur die kleinen, nudeldicke Dirn, und ich schlepp den schweren Sack mit den großen Birn'n.'"

ZUBEREITUNG

1. Zunächst verrühren Sie den Zucker mit dem Wasser und kochen das Ganze kurz auf. Bis zum weiteren Gebrauch zur Seite stellen und abkühlen lassen.

2. Die Birnen waschen, schälen, vierteln und die Kerngehäuse herausschneiden. Da Birnen sehr schnell braun werden, müssen sie – bis alle fertig vorbereitet sind – in einer Schüssel mit Zitronenwasser „zwischengelagert" werden. Danach können Sie die Birnen in die vorbereiteten Gläser einlegen. Wer mag, gibt jetzt noch jeweils ein kleines Stück Zimtstange und 1 Esslöffel Rum dazu.

3. Jetzt füllen Sie die Gläser bis 1 Zentimeter unter den Rand mit der vorbereiteten Zuckerlösung auf und verschließen sie mit Gummi, Deckel und Klammern. Bei 90 °C 30 Minuten einkochen.

Eins vorweg: Birne ist nicht gleich Birne! Es gibt so viele verschiedene Sorten. Sie alle sind unterschiedlich süß, sauer, fest, weich oder mehlig. Testen Sie Ihre Birnen deshalb vor dem Einkochen. Es eignen sich nur gut ausgereifte, süße Früchte, die aber nicht zu weich sind. Birnen dürfen keinesfalls zu früh geerntet werden, denn da sie nicht nachreifen, würden sie hart bleiben. Unreife Birnen haben auch noch kein wirkliches Aroma. Überreife Birnen hingegen sind innen manchmal teigig und gar nicht gut zum Einkochen.

Schön finde ich es auch, kleine intensiv schmeckende Birnen im Ganzen einzuwecken. Bei dieser Vorgehensweise dürfen Stiel, Schale und Kerngehäuse an den Birnen dran bleiben. Allerdings sollten Sie den Stiel vorher mit einem scharfen Messer vorsichtig abschaben, damit er keinen bitteren Geschmack an die Früchte und ihren Sirup abgeben kann.

ZWETSCHGEN IN ROTWEIN
(„BSUFFNE BERCHZWETSCHGEN")

ZUTATEN

2 kg reife Zwetschgen (Pflaumen)
1 l trockener Rotwein
1 kg Zucker
1 Ceylon-Zimtstange
3 EL Obstler

Ergibt 4 Gläser à 1 Liter

Meist bleibt noch ein bisschen Sirup im Glas übrig. Mit Mineralwasser gemischt, ergibt das eine sehr erfrischende Sommerschorle. Und im Winter verleiht er dem Glühwein eine ganz besondere Note.

ZUBEREITUNG

1. Die Zwetschgen waschen, trocken tupfen und halbieren. Entfernen Sie die Steine (die könnten Sie für einen „Falschen Amaretto" aufheben, Rezept siehe S. 99) und geben Sie die Zwetschgen in einen großen (!) Topf.

2. Fügen Sie den Rotwein, den Zucker und die Zimtstange hinzu und kochen Sie das Ganze kräftig auf. **Vorsicht:** Manchmal schäumt die heiße Masse stark, geben Sie dann acht, dass sie Ihnen nicht überläuft. Kochen Sie die Zwetschgen so lange, bis sie weich, aber keinesfalls matschig sind – dies dauert in der Regel etwa 10 Minuten. Wenn Sie mögen, können Sie nun noch den Obstler hineingeben. Umrühren.

3. Fischen Sie die Zimtstange heraus, füllen Sie die Zwetschgen mit dem Zuckerrotwein in die vorbereiteten sauberen Gläser und verschließen Sie diese fest. Die „Bsuffnen Berchzwetschgen" müssen jetzt noch mindestens 4 Wochen lang durchziehen. Sie schmecken ganz herrlich zu Walnusseis und zu anderen Süßspeisen.

Die „Bernemer Berchzwetschgen" – so nennen sich unsere Stadtmusikanten. Kein Fest wird ohne sie gefeiert, und weil die Jungs zum Musizieren auch ganz gerne ein oder zwei oder drei Schoppen Rotwein trinken, habe ich ihnen dieses Rezept gewidmet.

QUITTE

„Vor einiger Zeit war ich bei meiner Freundin zur Geburtstagsfeier eingeladen. Ein Gast wusste von meiner Liebe zu alten Obstsorten und stellte mir einige Fragen über Obstbäume und deren Verarbeitung. Er schilderte mir unter anderem ein Problem, das er mit seinem Apfelbaum hatte. Die Früchte seien hart, irgendwie immer gelb, das Apfelmus daraus schmecke nicht, und außerdem seien seine Äpfel immer mit einer Art „Flaum" überzogen. Nach kurzer Rückfrage war mir klar, dass es sich gar nicht um einen Apfel-, sondern um einen Quittenbaum handelte. Ich habe ehrlich gesagt zunächst schon etwas darüber geschmunzelt, dass man diese beiden Obstsorten verwechseln kann. Doch als ich die Geschichte dann immer wieder anderen Freunden erzählte, habe ich mit großer Verwunderung festgestellt, dass Quitten sehr vielen Menschen gar nicht mehr bekannt sind. Und falls sie doch jemand kennt, hat er meistens keinerlei Verwendung für diese tolle Frucht.

Die Quitte zählt zwar zur selben Pflanzenfamilie wie der Apfel (Rosengewächse), lässt sich aber in der Küche nicht genauso verarbeiten wie ein Apfel.

In der freien Natur sieht man Wildformen der Quitte leider immer seltener. Verwechseln Sie die Quitte aber nicht mit der ebenfalls essbaren, jedoch viel kleineren Zierquitte, die man vermehrt in Ziergärten und als Straßenbegrünungen sieht. Es gibt zwei Quittensorten, die sich durch ihre äußere Form unterscheiden: Apfel- und Birnenquitten. Die Birnenquitte ist meiner Erfahrung nach einfacher zu verarbeiten, denn sie ist weicher und enthält mehr Saft. Die Quitte kann man (im Gegensatz zum Apfel) nicht roh verzehren, sondern muss sie immer irgendwie „behandeln". Sie ist hart und schmeckt durch die enthaltenen Gerbstoffe sehr bitter. Der die Frucht überziehende Flaum macht sie ebenfalls bitter und muss deshalb vor der Weiterverwendung (am besten mit einem groben Küchentuch) abgerieben werden.

In einem Spanienurlaub habe ich mir in einem kleinen Lädchen *Dulce de membrillo* gekauft. Diese Süßigkeit wird dort fast überall angeboten. Bei uns zu Hause darf dieses „Quittenbrot" seither in der Adventszeit auf dem Plätzchenteller nicht mehr fehlen – die Kleinsten in der Familie essen es besonders gerne.

Zur Adventszeit schneide ich manchmal eine Quitte in kleine Scheiben und lege sie auf einen Teller. Nach kurzer Zeit duftet dann der ganze Raum danach. Auch in einem Kleiderschrank verströmt die Quitte angenehmen Duft. Sie sollten nur hin und wieder mal nach ihr sehen, damit Sie sie rechtzeitig entfernen können, wenn sie zu verderben beginnt.

In meiner Familie schätzen wir auch die gute Heilwirkung der Quitte. Jedes Jahr koche ich mir ein paar kleine Fläschchen Quittensaft ein. Bei leichten Halsentzündungen wirkt er wahre Wunder. Dank der darin enthaltenen Gerbstoffe hilft der Quittensaft auch bei Magen-Darm-Verstimmungen.

Wer noch mehr über diese tolle Frucht erfahren möchte, kann im unterfränkischen Astheim einen sehr informativen Quittenlehrpfad besuchen.

QUITTENGELEE

ZUTATEN

3 große Quitten
1 Bio-Zitrone, nur der Saft
500 g Gelierzucker 2:1

Ergibt 5 Gläser à 200 ml

ZUBEREITUNG

1. Um Quittenbrot herstellen zu können, müssen Sie zunächst einmal Quittengelee kochen. Vorher müssen die Quitten sorgfältig von ihrem Flaum befreit werden, dazu reibt man sie gründlich mit einem trockenen groben Küchentuch ab.

2. Bereiten Sie eine Schüssel mit kaltem Zitronenwasser vor. Schneiden Sie den Blütenboden und den Stielansatz der Quitten ab. Schalen und Kerngehäuse werden mitverwendet. Nun die Früchte in kleine Stückchen schneiden. Da angeschnittene Quitten schnell braun werden, müssen Sie die Quittenstücke während der Vorbereitung sofort in das Zitronenwasser legen. Wenn Sie alle Früchte fertig haben, füllen Sie die Quittenstücke mit dem Zitronenwasser in einen passenden Topf um und kochen sie bei mäßiger Hitze 30–40 Minuten weich, aber keinesfalls zu weich. Die Früchte müssen vollständig mit Wasser bedeckt sein.

3. Nun lassen Sie den Saft vorsichtig durch ein Sieb oder Tuch in eine Schüssel abtropfen. Üben Sie dabei keinen Druck auf die Quittenmasse aus, denn nur so bleibt Ihr Gelee schön klar, und Schwebeteilchen werden im Sieb oder Tuch zurückgehalten. Die Quittenmasse in Tuch oder Sieb bis zur weiteren Verwendung in eine Schüssel hängen und beiseitestellen.

4. Messen Sie genau 750 Milliliter Quittensaft ab, vermischen Sie ihn mit dem Gelierzucker und geben Sie ihn in den sorgfältig ausgespülten oder in einen anderen Topf. Lassen Sie das Gelee mindestens 4 Minuten lang sprudelnd kochen (Gelierprobe) und füllen Sie es dann in die vorbereiteten Gläser und verschließen Sie diese fest. Stellen Sie die Gläser anschließend für einige Minuten auf den Kopf.

QUITTENBROT

ZUTATEN

Die vom Quittengelee übrig gebliebenen Fruchtstückchen

Nach Belieben
Hagelzucker oder gemahlene Haselnüsse

Ergibt 1 kleines Blech Quittenbrot

ZUBEREITUNG

1. Aus den im Sieb oder Tuch verbliebenen Fruchtstücken wird nun das Quittenbrot hergestellt. Entfernen Sie zuerst alle Kerne und die Kerngehäuse aus der Masse. Nun müssen die Fruchtstücke ganz fein püriert werden. Das funktioniert gut in einem Mixer oder auch mit einem Zauberstab. Das Fruchtmus sieht jetzt aus wie Apfelmus. Wiegen Sie die Menge, fügen Sie exakt dieselbe Menge Zucker hinzu und lassen Sie die Masse bei mittlerer Hitze unter ständigem Rühren etwa 1 Stunde einkochen. Achten Sie darauf, dass sie Ihnen nicht am Topfboden anhängt und anbrennt.

2. Legen Sie ein Backblech mit Backpapier aus, streichen Sie die eingedickte Masse etwa 1–2 Zentimeter hoch auf und lassen Sie das Ganze an einem warmen Ort (wer einen hat: Ein Kachelofen ist ideal!) 3–4 Tage lang trocknen. Wer keinen solchen Platz hat oder es gar nicht abwarten kann, lässt die Masse im Backofen bei 60 °C etwa 4–5 Stunden lang dörren. Hierbei die Backofentür einen Spalt geöffnet halten, damit die austretende Feuchtigkeit entweichen kann (Kochlöffel einklemmen).

3. Das Quittenbrot ist fertig, wenn auf leichten Druck hin keine Feuchtigkeit mehr austritt und es sich noch biegen lässt. Das fertige Quittenbrot können Sie in kleine Würfel oder Rauten schneiden. Wälzen Sie die fertigen Stückchen in Hagelzucker oder gemahlenen Haselnüssen.

In einer Blechdose hält sich das Quittenbrot mehrere Wochen lang. Damit die Stückchen nicht untereinander zusammenkleben, sollten Sie die einzelnen Schichten mit je einer Lage Pergamentpapier trennen.

QUITTENLIKÖR

ZUTATEN

1 kg Quitten
400 g Zucker
1 Bio-Zitrone, nur der Saft
700 ml Doppelkorn (38 % Vol.)

Nach Belieben

½ Ceylon-Zimtstange
1 kleine Gewürznelke
Sternanis

Ergibt gut 1 Liter

ZUBEREITUNG

1. Reiben Sie den Flaum auf den Quitten mit einem Tuch gründlich ab. Dann befreien Sie die geputzten Quitten von ihren Blütenböden und Stielansätzen. Schneiden Sie die Quitten in Viertel und reiben Sie sie (mit Kernen und Gehäuse) auf einer Reibe fein. Falls Sie eine Küchenmaschine haben – damit geht es natürlich auch.

2. Geben Sie die Quittenraspel in eine Schüssel und fügen Sie den Zucker hinzu. Gut durchmischen und zugedeckt über Nacht ziehen lassen.

3. Am nächsten Tag das Quittenfruchtfleisch mit dem Zitronensaft und (falls verwendet) den Gewürzen mischen, dann alles in eine saubere Flasche füllen. (Die Flasche muss mindestens 1,5 Liter Fassungsvermögen haben.) Verschließen Sie die Flasche fest und lassen Sie Ihren Quittenlikör an einem hellen Ort bei Zimmertemperatur mindestens 4 Wochen lang „reifen“. Die Flasche zwischendurch gelegentlich gut schütteln.

4. Den fertigen Quittenlikör durch ein Sieb oder ein Tuch abseihen und in schöne, dekorative Flaschen füllen.

APFEL

„Jeder kennt und fast jeder mag ihn, am liebsten frisch gepflückt vom Baum. Der Apfel ist die in Europa meist verzehrte Frucht. Äpfel zählen zu den Rosengewächsen und stammen ursprünglich aus dem Orient.

Sowohl in der Religion als auch in alten Sagen und Märchen spielte der Apfel schon immer eine große Rolle. So wuchs er im Paradies als verbotene Frucht auf dem Baum der Erkenntnis. Bei Wilhelm Tell spielt er die Hauptrolle beim berühmten Apfel-Schuss, Schneewittchen biss in einen vergifteten Apfel und sank in tiefen Schlaf. Bei Frau Holle wird das fleißige Aschenputtel schließlich belohnt, das die Bitte des Apfelbaums: „Ach schüttle mich, schüttle mich, wir Äpfel sind alle miteinander reif!“ erhört.

In der Volksheilkunde schreibt man dem Apfel wundersame Heilwirkungen zu. Bei Magen-Darm-Verstimmungen gab es früher (und hoffentlich auch heute noch) immer einen geriebenen Apfel. Aus den Apfelschalen kann man einen Tee kochen, der als harntreibendes Mittel bei Rheuma, Gicht, Blasen- und Nierenleiden empfohlen wird. Sogar die Kerne sind wertvoll: Setzt man sie in Öl an, kann man sich dieses anschließend zur Linderung (leichter) Kopfschmerzen auf die Schläfen reiben. Der Apfel ist eine regelrechte „Gesundheitsbombe“: Er hat wenig Kalorien, liefert viele Vitamine sowie Mineralstoffe und besitzt einen hohen Nährwert.

Neben seiner gesundheitsfördernden Wirkung schmeckt der Apfel aber auch noch ausgesprochen lecker. Und er lässt sich auf so vielfältige Weise weiterverarbeiten: Apfelstrudel, Apfelsaft, Most und Bratapfel gehören zu meinen Favoriten. Und was wären beispielsweise Pfannkuchen ohne selbst gemachtes Apfelmus? Das weltbeste Rezept ist und bleibt aber der gedeckte Apfelkuchen von meiner Mutter. Obwohl er nicht in ein Glas kommt, werde ich Ihnen das Rezept verraten – es muss einfach weitergegeben werden.

Geht man in den Supermarkt, findet man in der Regel nur ein paar wenige, gängige Apfelsorten, was wirklich sehr schade ist, vor allem, wenn man bedenkt, dass es rund 20 000 verschiedene Sorten gibt. Inzwischen werden glücklicherweise immer mehr alte Apfelsorten wiederentdeckt und wieder angebaut.

Unser Dorf liegt eingebettet inmitten eines der größten Streuobstwiesengebiete Süddeutschlands. Doch das Streuobst fand kaum noch Abnehmer, es verkam zentnerweise ungenutzt auf der Wiese. Eine neu gegründete Streuobstinitiative brachte dann die Wende. Dort bezahlt man nun auch einen etwas höheren Preis für die angelieferten Äpfel. Sie werden zu Saft gepresst und zum Teil zu Secco weiterveredelt. Die Obstbäume werden wieder gepflegt und es werden sogar neue Bäume angepflanzt.“

GEDECKTER APFELKUCHEN

Abbildung auf Seite 143

ZUTATEN

500 g Mehl
220 g zimmerwarme Butter
2 EL Zucker
1 Prise Salz
2 Eier
2 kg Äpfel (ergeben geschält und entkernt etwa 1,7 kg)
1 Bio-Zitrone, Saft und Schalenabrieb
2 gestr. EL Zimt-Zucker-Gemisch (Verhältnis 1:1)
2 Päckchen Vanillezucker
1 Päckchen Vanillepuddingpulver
1 Eigelb und 1 EL Milch oder Sahne zum Bestreichen
Nach Belieben: 1 EL Rum oder Apfellikör

Außerdem
Butter und Semmelbrösel für die Backform

Ergibt einen Kuchen mit 28 Zentimeter Durchmesser (Springform)

ZUBEREITUNG

1. Sieben Sie das Mehl auf ein Holzbrett und drücken Sie in die Mitte eine Mulde. Geben Sie die zimmerwarme Butter, den Zucker, das Salz und die beiden Eier hinein. Verkneten Sie nun mit den Fingerspitzen alle Zutaten zu einem bröseligen Teig. Achten Sie besonders darauf, dass sich die Butter gut mit den anderen Zutaten verbindet.

2. Nun verkneten Sie (am besten mit kalten Händen) den Teig rasch, aber gründlich und formen Sie daraus eine Kugel. Sollte der Teig zu trocken sein, können Sie (maximal!) 2 EL kaltes Wasser hinzufügen, das Sie gut einarbeiten müssen. Wickeln Sie die Teigkugel in Klarsichtfolie und lassen Sie sie mindestens 30 Minuten im Kühlschrank ruhen.

3. Während der Teig ruht, können Sie die Äpfel schälen, entkernen und klein schneiden. Heizen Sie zudem den Backofen auf 180 °C (Ober-und Unterhitze; 160 °C Umluft) vor und bereiten Sie eine Springform (28 cm Ø) vor, indem Sie die Form leicht ausbuttern und dann mit Semmelbröseln bestreuen.

4. Träufeln Sie nun den Zitronensaft über die Apfelstückchen. Geben Sie das Zimt-Zucker-Gemisch, den Vanillezucker und (falls verwendet) den Alkohol hinzu. Vermengen Sie die Zutaten vorsichtig zu einer homogenen Masse und ziehen Sie am Schluss noch das Puddingpulver unter; es verhindert, dass der beim Backen austretende Apfelsaft aus dem Kuchen herausläuft.

5. Schneiden Sie nun den gekühlten Teig in drei möglichst gleich große Stücke. Drücken Sie das erste Teigstück mit den Händen flach, legen Sie es zwischen zwei Klarsichtfolien (oder Backpapierbögen) und rollen Sie es mit einem Nudelholz aus. Nehmen Sie den Boden der Springform, legen Sie ihn auf den Teig und schneiden Sie einmal außen herum. Diese Teigplatte bildet den Boden für Ihren Kuchen. (Die Teigreste aufheben!)

Besonders hübsch sieht es aus, wenn Sie aus diesem Rezept Mini-Kuchen backen. Verwenden Sie dazu kleine ofenfeste Glas- oder Tartelettförmchen. Natürlich verringert sich hierbei die Backzeit auf ungefähr die Hälfte.

6. Formen Sie aus dem zweiten Stück Teig den Rand für den Kuchen. Am einfachsten geht das, wenn Sie zuerst zwischen den Händen „Teigschlangen" rollen, die Sie dann am Rand der Form andrücken und so den Rand Ihres Kuchens „aufbauen". Er muss mit der oberen Kante abschließen, das heißt, etwa 6–7 Zentimeter hoch sein. Geben Sie nun die Apfelmasse in die Form. Sie sollte sehr gut gefüllt sein – aber keine Angst, beim Backen setzt sich die Masse noch etwas.

7. Rollen Sie jetzt das dritte Teigstück aus und schneiden Sie wieder einen Kreis in der Größe des Springformbodens aus. Damit haben Sie den Deckel für Ihren Kuchen – heben Sie ihn mit beiden Händen hoch und legen Sie ihn auf die Apfelmasse oder rollen Sie ihn auf ein Nudelholz und dann über der Apfelmasse wieder ab.

8. Um den Kuchenrand mit dem Deckel zu verbinden, müssen Sie den Rand jetzt noch so gut wie möglich über den Deckel umschlagen und vorsichtig ein bisschen andrücken. Die Apfelfüllung muss nun komplett von Teig umschlossen sein. Stechen Sie den Deckel mit einer Gabel mehrmals ein, damit beim Backen die heiße Luft entweichen kann.

9. Verquirlen Sie das Eigelb mit 1 EL Sahne oder Milch und bestreichen Sie den Kuchendeckel großzügig damit. Dadurch wird er schön braun. Schieben Sie den Kuchen in den vorgeheizten Ofen und backen Sie ihn bei 180 °C etwa 1 Stunde lang.

10. Der Kuchen ist fertig, wenn er schön gebräunt ist. Das kann unter Umständen (je nach Ofen) auch mal 10–15 Minuten länger dauern. Holen Sie den Kuchen aus dem Ofen und lassen Sie ihn in der Springform auf einem Gitterrost auskühlen. Entfernen Sie die Form erst, wenn der Kuchen vollständig erkaltet ist. Bestäuben Sie den Apfelkuchen kurz vor dem Servieren mit Puderzucker und reichen Sie geschlagene (Vanille- oder Zimt-)Sahne dazu.

APFELMUS

ZUTATEN

Etwa 5 kg Äpfel
Rund 250 ml Wasser
2 Bio-Zitronen, nur der Saft, frisch gepresst
100 g Zucker (optional)

Ergibt 8 Gläser à 500 ml

Wir essen das frische Apfelmus gerne zu Baggers (gebratene Kartoffelplätzchen), Pfannkuchen und anderen Süßspeisen, wie etwa Kaiserschmarrn.

ZUBEREITUNG

1. Die Äpfel waschen und alle braunen Stellen herausschneiden. Schälen Sie die Früchte, entfernen Sie die Kerngehäuse und zerteilen Sie die Äpfel in nicht zu kleine Stückchen.

2. Geben Sie die Apfelstücke in einen ausreichend großen Topf, fügen Sie das Wasser, den Zitronensaft und den Zucker (falls verwendet, es klappt auch ohne!) hinzu und kochen Sie alles bei starker Hitze einmal kräftig auf. Reduzieren Sie dann die Hitze und lassen Sie die Äpfel so lange köcheln, bis sie zwar weich, aber nicht matschig sind.

3. Wenn Sie Ihr Apfelmus ganz fein und glatt haben möchten, müssen Sie die Masse nun durch ein Sieb streichen. Ich persönlich mag es, wenn noch ein paar Apfelstückchen im Mus sind. Deshalb püriere ich die Masse abschließend mit einem Pürierstab nicht zu fein. Aber das ist einfach Geschmacksache!

4. Füllen Sie die Masse nun in die vorbereiteten Gläser und verschließen Sie diese mit Gummiring, Deckel und Klammern. Kochen Sie die Gläser 30 Minuten bei 90 °C ein oder füllen Sie das Mus in saubere Twist-off-Gläser und stellen Sie die Gläser dann für einige Minuten auf den Kopf.

Zur Herstellung von Apfelmus eignet sich die alte Apfelsorte „Boskop" ganz besonders gut. Boskop-Äpfel haben einen relativ hohen Säuregehalt und werden aufgrund ihres niedrigen Allergengehalts auch von Apfelallergikern in der Regel gut vertragen. Natürlich können Sie aus fast allen Äpfeln leckeres Apfelmus zaubern, probieren Sie einfach die Sorten aus, die Ihnen zur Verfügung stehen.

Das frische Apfelmus hält sich im Kühlschrank 1–2 Tage und macht sich auch in Ihrem morgendlichen Joghurt oder Müsli gut.

ApFEL

GETROCKNETE APFELRINGE

ZUTATEN

3 rote Äpfel

Reicht für ein Backblech

Auch Birnen eignen sich ganz hervorragend zum Trocknen, die fertigen Dörrbirnen werden bei uns „Kletzen“ und in anderen Gebieten „Hutzeln“ genannt. Ganz besonders süß werden Pflaumen oder Zwetschgen, wenn man sie trocknet. Backen Sie doch mal ein Früchtebrot mit Ihrem eigenen klein geschnittenen Trockenobst („Kletzenbrot“).

ZUBEREITUNG

1. Am besten eignen sich zum Herstellen von Apfelringen solche Äpfel, die schön knackig und nicht zu mehlig sind. Waschen Sie die Äpfel und stechen Sie mit einem Apfelausstecher die Kerngehäuse aus. Lassen Sie auf jeden Fall die schöne rote Schale am Apfel (deswegen ist es wichtig, dass sie unbehandelt sind, also vom eigenen Baum stammen oder Bio-Qualität haben).

2. Schneiden oder hobeln Sie die Äpfel nun in gleich große, nicht zu dicke Ringe und trocknen Sie sie entweder über einem Kachelofen, in einem Dörrautomaten oder einfach im Backofen (siehe im Kapitel „Haltbarmachen“, S. 10).

Am besten bewahren Sie das fertige Trockenobst in luftdichten Behältern auf. Hier bieten sich natürlich schöne Gläser mit Schraubdeckel an.

Meine getrockneten Apfelscheiben lasse ich übrigens gerne in das selbst zusammengestellte Müsli wandern, aber man findet sie auch in einer kleinen Tüte in meiner Handtasche als „Studentenfutter“.

Getrocknete Apfelringe kaufe ich nicht im Supermarkt, denn sie sind unverhältnismäßig teuer und fast immer mit Schwefel oder Sorbinsäure chemisch konserviert. Ich selbst nasche getrocknete Apfelringe so gerne, dass ich mir für die Winterzeit immer einen größeren Vorrat davon anlege. Auch für Kinder bilden die Apfelringe eine tolle Alternative zu „ungesunden“ Süßigkeiten und liefern als kleiner Snack zwischendurch zusätzliche gesunde Energie.

KÜRBIS

„Was für kulinarische Köstlichkeiten man aus Kürbis zaubern kann, wusste ich viele Jahre gar nicht, denn bei uns zu Hause galt Kürbis als Viehfutter und fand kaum je den Weg auf unseren Speisezettel. Kürbisgerichte wurden früher von der Landbevölkerung abfällig als „Arme-Leute-Essen“ bezeichnet, und viele Angehörige der einstigen Kriegskinder-Generation erinnern sich sogar noch heute mit Grauen daran.

Mittlerweile zählt der Kürbis zu den beliebtesten Herbstgemüsen. Auch ich könnte mir den Herbst ohne Kürbisse gar nicht mehr vorstellen, denn sie sind so vielseitig zu verwenden. Die meisten Kürbisse sind essbar. Man hört aber auch ab und an von Vergiftungen nach Kürbisgenuss. Achten Sie daher beim Kauf darauf, dass Sie auch wirklich einen Speisekürbis und keinen Zierkürbis (sind im Handel aber klar gekennzeichnet) in Ihren Korb packen! Vor allem die kleinen Zierkürbisse enthalten den Bitterstoff Cucurbitacin, der starke Magenkrämpfe und Übelkeit hervorrufen kann. Am besten probieren Sie vor der Verwendung ein kleines rohes Stück von Ihrem Kürbis. Schmeckt er bitter, dürfen Sie ihn nicht weiterverarbeiten.

Riesengroß ist die Auswahl an Gartenkürbissen. Es gibt sie in allen denkbaren Formen,

Größen und Farben. Für Suppen, Kuchen, Puddingspeisen oder Pürees besonders zu empfehlen ist der Butternusskürbis (auch „Birnenkürbis“ genannt). Sehr hübsch anzuschauen sind die Bischofsmützen, die sich aber wegen ihrer unregelmäßigen Form, die an einen Turban erinnert (deshalb heißen sie auch „Türkenturbane“), sehr schlecht schälen lassen und deshalb meist nur als Dekoration ihren großen Auftritt haben.

Der bekannteste unter den unzähligen Kürbissen ist der Hokkaido. Er hat vor einigen Jahren dafür gesorgt, dass ein regelrechtes Kürbisrevival in unseren Küchen stattfand. Er ist auch mein Lieblingskürbis, denn der Hokkaido punktet mit einem kräftig nussigen Geschmack, festem Fleisch und einer wunderbar leuchtenden orangen Farbe. Vor allem aber schätze ich die Tatsache, dass man ihn im Gegensatz zu den meisten anderen Kürbissen mitsamt seiner Schale verwenden kann. Beim Hokkaido lassen sich sogar die Kerne noch schmackhaft zubereiten. Der Hokkaidokürbis ist vom Spätsommer bis in den Winter hinein erhältlich. Sehr gerne kaufe ich Exemplare, die von Bauern auf Verkaufswägen direkt am Straßenrand angeboten werden. Ein reifer Kürbis klingt hohl, wenn man auf ihn klopft. Im Ganzen in einem kühlen Keller oder in einer Garage gelagert, ist er monatelang haltbar. Angeschnitten können Sie ihn mehrere Tage lang im Kühlschrank aufbewahren.

Die Vertreter der meisten anderen Kürbissorten sollten Sie vor der Weiterverarbeitung lieber schälen. Nur eine andere Art können Sie noch mit Schale essen: Die Zucchini, denn auch sie zählt botanisch zu den Kürbissen und bildet eine Unterart des Gartenkürbisses.

In der Steiermark wird das berühmte, leckere und aromaintensive dunkelgrüne Kürbiskernöl gepresst. Bei uns steht immer eine Flasche Kernöl griffbereit. Mit einem guten Schuss davon verfeinere ich meine Kürbissuppe. Aber auch ein simples Butterbrot wird mit ein paar Tropfen Kürbiskernöl zur Delikatesse!

Also verwenden Sie den Kürbis nicht nur als Dekoration an Halloween, sondern lassen Sie sich sein „Innenleben“ schmecken!

KÜRBISMUS
(ODER – WIE DIE INDER SAGEN: CHUTNEY)

ZUTATEN

750 g Fruchtfleisch vom Hokkaido-Kürbis
750 g Gelierzucker 1:1
2 Bio-Orangen, Schale und Saft
1 EL Ingwer, frisch gerieben
1 EL Orangenlikör
Je 1 Messerspitze Nelken- und Zimtpulver sowie geriebene Muskatnuss

Nach Belieben

1 kleines Stück Chilischote

Ergibt 5 Gläser à 250 ml

Dieses Mus war ursprünglich als Marmelade gedacht. Meine Freunde waren aber von der orientalischen Note so begeistert, dass sie es seither zu allen Fleischgerichten essen.

ZUBEREITUNG

1. Den Kürbis (mit der Schale) in kleine Würfel schneiden und zusammen mit dem Gelierzucker in eine Schüssel geben.

2. Die Schale der beiden Orangen abreiben oder in hauchdünnen Streifen abschälen (Messer oder Zestenreißer) und zur Seite stellen. Achten Sie hierbei sorgfältig darauf, dass Sie nichts von der weißen Haut unter der Schale erwischen, denn sie schmeckt sehr bitter.

3. Die beiden Orangen auspressen und den Saft mit dem Kürbisfruchtfleisch vermischen.

4. Jetzt das Mus mindestens 3 Stunden lang abgedeckt an einem kühlen Ort durchziehen lassen.

5. In der Zwischenzeit geben Sie den Orangenschalenabrieb in maximal 100 Milliliter Wasser und lassen das Ganze zwei Mal kräftig aufkochen. Seihen Sie die Flüssigkeit ab und gießen Sie sie an das Kürbismus, wenn es durchgezogen ist.

6. Anschließend den Kürbis mit dem fein geriebenen Ingwer, der klein geschnittenen Chilischote (falls verwendet) und den Gewürzen in einem großen Topf langsam aufkochen lassen. 5 Minuten sprudelnd kochen, dann eine Hälfte herausschöpfen, in einer Schüssel (oder einem Messbecher) mit dem Stabmixer fein pürieren. Fügen Sie das Püree wieder zur restlichen Masse hinzu und kochen Sie das Ganze nochmals kräftig auf. Fügen Sie jetzt noch den Orangenlikör zu.

7. In vorbereitete saubere Schraubgläser füllen, diese verschließen und für etwa 5 Minuten auf den Deckel stellen.

WEISSKRAUT (WEISSKOHL)

„Bei uns in Franken steht Weißkraut so hoch im Kurs, dass es sogar ein Dorf namens Krautostheim gibt. Dieses Dorf hat früher tatsächlich ausschließlich vom Krautanbau gelebt. Ich kann ohne Übertreibung sagen, dass Sauerkraut mit Bratwürsten hier eine Art Grundnahrungsmittel ist. Einen Anlass findet man eigentlich immer: zur Kirchweih, an Weihnachten, als Sonntagsessen oder auch gerne an jedem anderen Tag der Woche. Kraut kommt bei uns das ganze Jahr über auf den Tisch und nicht – wie andernorts – hauptsächlich im Herbst und Winter. Für Kraut ist jede Jahreszeit die richtige. Auch zum Schweinebraten mit Knödeln (Klößen) reicht man gerne noch eine Portion gedünstetes Kraut mit Kümmel. Aber nicht nur bei uns in Franken gehört es zu den Leibspeisen, die Deutschen insgesamt lieben ihr Weißkraut, das im Norden als „Weißkohl" bekannt ist. Wir haben uns den Spitznamen „the Krauts" also redlich verdient.

Für die Menschen früherer Zeiten war haltbar gemachtes Kraut überlebensnotwendig. Es versorgte die Familien in den harten Wintern mit vielen wichtigen Vitaminen und Mineralien. Das Weißkraut wurde milchsauer eingelegt („Milchsäuregärung") und so für die dunkle Jahreszeit konserviert. Eine mühsame Angelegenheit, denn meist mussten riesige

Mengen von Krautköpfen fein gehobelt und die Streifen mit enormem Kraftaufwand in die Krautfässer gestampft werden. Da es (noch) keine Kühlmöglichkeiten gab, musste man also immer mit der Gefahr leben, dass die kostbaren Nahrungsmittel verdarben.

Kraut können Sie nur dann im eigenen Garten anbauen, wenn Sie wirklich genügend Platz haben: Pro Pflanze müssen Sie rund 60 x 60 Zentimeter rechnen. Da das Kraut oft vom Kohlweißling – oder genauer: von dessen nimmersatten Raupen – heimgesucht wird, pflanze ich meine Krautköpfe auf einem kleinen Acker etwas außerhalb des Dorfes an, damit im Fall des Befalls der gefräßige Schmetterling nicht mein gesamtes Gemüse niedermacht. Die Setzlinge hole ich mir vorgezogen vom Gärtner. Bei der Auswahl sollten Sie die Augen offen halten: Die Setzlinge sehen denen des Kohlrabis zum Verwechseln ähnlich! Einmal hab ich mich vergriffen und wurde dann im Sommer mit roten und weißen Kohlrabis überrascht. Im Herbst gibt es die Krautköpfe überall frisch zu kaufen. Greifen Sie zu und probieren Sie doch mal, Ihr Sauerkraut selbst einzulegen – ganz einfach in kleinen Portionen für den Hausgebrauch. Die Herstellung ist weit weniger mühevoll als zu Omas Zeiten …“

SAUERKRAUT

ZUTATEN

10 kg Weißkraut (Weißkohl) = 3 mittelgroße Köpfe
120 g Salz
10 schwarze Pfefferkörner
20 g Kümmel, ganz

Ergibt 3 Gläser à 1 Liter

Wer erst mal nur einen Versuch starten möchte, kann das Rezept natürlich halbieren (oder vierteln) und mit der kleineren Menge „üben".

ZUBEREITUNG

1. Entfernen Sie die äußeren Blätter der Kohlköpfe, halbieren Sie die Kohlköpfe und schneiden Sie die Strünke großzügig heraus. Das Weißkraut fein hobeln oder mit einem scharfen Messer in feine Streifen schneiden, in eine große Schüssel geben, mit dem Salz gut vermischen und mit beiden Händen kräftig durchkneten, bis Saft aus dem Kraut austritt.

2. Mischen Sie nun Pfeffer und Kümmel unter das gut durchgeknetete Kraut und füllen Sie dieses so dicht wie irgendwie möglich in die vorbereiteten Gläser ein, dabei können Sie mit einem Kochlöffel kräftig „nachstopfen". Den Abschluss bildet eine kleine Lage Salz.

3. Decken Sie das Kraut nun mit Frischhaltefolie ab, die Sie direkt auf das Kraut im Glas legen, und verschließen Sie es dann mit dem Deckel. Da im Verlauf des Gärprozesses hin und wieder Saft aus einem Glas austritt, empfehle ich Ihnen, die gefüllten Gläser in eine Wanne oder eine Schüssel zu stellen. So können Sie die heraustropfende Flüssigkeit problemlos wegwischen.

4. Lassen Sie die Gläser (idealerweise bei etwa 18 °C) 3–6 Tage stehen. Danach stellen Sie die Gläser in einen kühleren Raum, und nach 2–3 Wochen können Sie Ihr erstes selbst gemachtes Sauerkraut roh oder gekocht genießen. Es ist etwa 1 Jahr haltbar und schmeckt auch als Rohkostsalat einfach super: Pro Portion 2 EL Pflanzenöl, 1 Zwiebel, 1 saure Gurke, 1 Prise Kräutersalz, schwarzer Pfeffer, 1 Prise Zucker und optional 1 Karotte und/oder 1 säuerlicher Apfel.

Die Gläser und ihre Deckel sollten Sie am besten kurz bevor Sie mit der Zubereitung beginnen, mit kochend heißem Wasser oder im Backofen (bei 180 °C 5 Minuten lang) so gut wie möglich sterilisieren. Die Gläsergröße können Sie beliebig wählen.

DIE HECKE IM HERBST

Schon immer prägen Wildhecken die Landschaft in unserer Gegend. Wenn ich mich als Teenager mit meiner besten Freundin treffen wollte, musste ich mit meinem Fahrrad ins nächste Dorf fahren. Der Weg führte immer an den Feldern entlang, die fast alle von Hecken eingesäumt waren. Leider verschwinden diese Hecken in den letzten Jahren mehr und mehr, und ich muss immer öfter etwas länger suchen, wenn ich im Frühherbst die Heckenfrüchte pflücken will. Sehr schade, denn wir wissen ja eigentlich alle, dass diese Hecken lebensnotwendig sind für Vögel, Insekten und Kleinstlebewesen. Falls Sie einen Garten besitzen, möchte ich Ihnen ans Herz legen, eine Wildhecke zu pflanzen. Sie geben damit vielen Nutztieren eine Heimat. Wildhecken benötigen nur einen geringen Pflegeaufwand, und Sie können zudem im Herbst die Früchte ernten und verarbeiten.

HAGEBUTTE

Ich persönlich liebe Wildrosen. Im Sommer erfreue ich mich an den herrlichen Rosenblüten, und wenn man die verblühten Köpfchen nicht abschneidet, wachsen daraus im Spätsommer leuchtend rote Hagebutten. Grundsätzlich können Sie jede Hagebutte von jeder Rose verwenden, ich verarbeite in meiner Küche aber nur Hagebutten aus Wildformen, da Kulturrosen den unverwechselbaren „Buttengeschmack" meist nicht besitzen.

Zum Hagebuttensammeln ziehen Sie sich am besten Handschuhe an – wegen der kleinen, aber äußerst spitzen Stacheln. Rosen haben tatsächlich Stacheln und keine Dornen, wie der Volksmund sie fälschlicherweise nennt. Dornröschen schlief seinen 100-jährigen Schlaf also nicht unter einem Rosenstrauch, sondern vermutlich unter einer Weißdornhecke. Das Sammeln und Verarbeiten von Hagebutten ist etwas mühsam – dafür werden Sie aber mit einem Geschmackserlebnis belohnt, das auf jeden Fall die Mühe wert ist und sämtliche Anstrengungen schnell vergessen lässt.

Hagebutten enthalten sehr viel Vitamin C, weshalb sie seit einigen Jahren als „heimisches Superfood" gefeiert werden. An kalten Wintertagen nasche ich manchmal eine bereits durchgefrorene ganze Hagebutte, wenn die Vögel nicht schneller waren und ich auf meinen Spaziergängen noch eine finde. Haben sie erst einmal einen Winterfrost abbekommen, sind sie weich und schmecken ganz herrlich süß. Die beste Erntezeit ist jedoch ab Anfang Oktober, wenn sie richtig ausgereift sind und eine schöne rote Farbe haben. Die Hagebutten dürfen noch nicht zu weich sein und sollten nach dem Sammeln ein bis zwei Tage eingefroren werden, damit sich der süße Geschmack in der Butte entfalten kann. Je nachdem, wie Sie sie weiterverarbeiten wollen, müssen Sie sie vorher halbieren und die Kerne entfernen, oder Sie frieren sie im Ganzen (ohne Stielansatz und Köpfchen) ein.

SCHLEHE

Zum Hochzeitstag bekomme ich von meinem Mann keine roten Rosen – er schenkt mir jedes Jahr an unserem Ehrentag eine Pflanze für meinen Garten. Da ich weiß, was man alles Tolles aus Schlehen machen kann, stand für heuer auf meinem „Wunschzettel" ganz oben eine fränkische Haferschlehe, die sich jetzt in meiner Hecke hoffentlich schnell entwickelt. Im Frühling ist so eine Schlehenhecke eine regelrechte Augenweide. Sie beglückt uns mit Tausenden kleinen Blüten, die zudem auch noch ganz wunderbar süßlich duften. Die

reifen blauen Früchte sollten Sie allerdings nicht frisch von der Hecke weg essen, denn sie schmecken herb und bitter. Manchmal mache ich mir einen Spaß und lasse die Teilnehmer auf meinen Kräuterwanderungen eine rohe Schlehe probieren. Dann beobachte ich mit leisem Schmunzeln, wie sich die Münder sofort zusammenziehen – das liegt an dem hohen Gerbstoffgehalt der Früchte. Wer als Erster wieder sprechen kann, hat gewonnen.

Achten Sie beim Pflücken darauf, dass Sie sich nicht verletzen: Die Schlehe wird wegen ihrer sehr spitzen Dornen auch „Schlehendorn" und wegen ihrer schwarzen Rinde mancherorts „Schwarzdorn" genannt. Die Früchte lassen sich erst dann gut verarbeiten, wenn einmal „ein Frost drübergegangen ist", wie wir in Franken sagen. Auch hier können Sie wieder nachhelfen, indem Sie Ihre gesammelten Schlehen in den Gefrierschrank stecken. Die Gerbstoffe werden durch den Frost abgebaut, und dann können Sie die Schlehen in kulinarische Köstlichkeiten verwandeln.

VOGELBEERE (EBERESCHE)

Vielen ist die Vogelbeere in der heimischen Küche völlig unbekannt und eher verdächtig, denn der Irrglaube, dass sie giftig sei, hält sich hartnäckig. Die leuchtend roten bis orangefarbenen Früchte schmecken roh zugegebenermaßen so bitter, dass viele Menschen sie schon allein deshalb für ungenießbar halten. Weiterverarbeitet kann das bittere „Beerlein" einem aber wunderbar den Tag versüßen.

Als besonderen Aufstrich für das Sonntagsbrötchen gibt es bei uns nicht selten Vogelbeerenmus, und deshalb halte ich im Herbst immer Ausschau nach den schönsten Beeren. Ähnlich wie bei den Schlehen ist auch hier der beste Sammelzeitpunkt gekommen, wenn die ersten Nachtfröste vorüber sind. Dadurch wird das herbe Aroma abgemildert. Kräuterkundige bringen die bitteren Vogelbeeren durchaus vielfältig zum Einsatz: Sie empfehlen zum Beispiel Sängerinnen und Sängern, bei „Kratzehals" ganz langsam eine Vogelbeere zu zerkauen. Beliebt ist aber auch der Erkältungstee aus Vogelbeeren. Macht sich eine leichte Erkältung bemerkbar, trinkt man über den Tag verteilt drei Tassen davon, und in Kombination mit etwas Ruhe lässt sich die Krankheit dadurch manchmal sogar abwenden. Wer Hochprozentiges mag, kennt bestimmt den berühmten Vogelbeerenschnaps, der vor allem in Ostdeutschland beliebt ist.

KORNELKIRSCHE

Ich habe den Eindruck, die Kornelkirschen sind allgemein in Vergessenheit geraten und nur noch sehr wenigen Menschen bekannt. Ganz zu schweigen davon, dass sie noch jemand in der Küche verarbeitet. Halten Sie in Zierhecken oder in Parks danach Ausschau. Im Frühjahr blüht sie oft als einer der ersten Sträucher in einem wunderschönen Gelb. Merken Sie sich den Standort und kehren Sie im Herbst zur Ernte wieder dorthin zurück. Kornelkirschen müssen zur Ernte reif, ja fast überreif sein. Da sie nicht alle zur selben Zeit so weit sind, kann man meist nicht alle Früchte auf einmal pflücken und muss sie ab September nach und nach ernten. Eine kleine Schüssel bekomme ich aber fast immer zusammen. Wenn Sie in der glücklichen Lage

sind, einen großen Kornelkirschenbaum zu haben, dann können Sie auch ein sauberes Tuch darunterlegen und ihn kräftig schütteln. Der Baum wird Ihnen nur die wirklich reifen Früchte schenken. Ich verarbeite die Kirschen am liebsten zu „Dirnderli" – sie werden ähnlich behandelt wie die fränkischen Schlehen, sind aber rot und viel süßer im Geschmack.

MISPEL

Die Echte Mispel wurde vermutlich von den Römern vor langer Zeit nach Mitteleuropa gebracht, Mönche kannten ihre Heilwirkung, und deshalb hat sie früher in keinem Klostergarten gefehlt. Heute hingegen ist sie in unseren Gärten und Naturhecken kaum noch zu finden. Doch Achtung: Manchmal führt der Name zu Verwechslungen. Die Mistel, unter deren Zweig man sich an Weihnachten küsst, ist ein giftiger Halbschmarotzer und hier nicht gemeint.

Die Mispel zählt zu den Rosengewächsen und schmückt sich mit kleinen braunen apfelähnlichen Früchten. Im rohen Zustand kann man die Mispeln nicht verzehren, aber wenn man mit der Ernte bis nach dem Frost wartet, dann lassen sie sich ungefähr wie Äpfel weiterverarbeiten. Sie können die Früchte auch an einem trockenen, kalten Platz so lange lagern, bis sich auf der Schale kleine braune Pünktchen gebildet haben und das Innere der Frucht weich ist. Erst dann entfaltet die Mispel ihr volles Aroma, und Sie werden mit einem leicht säuerlichen, aromatischen Geschmack belohnt. Das pflegeleichte und robuste Obstgehölz hat es wirklich verdient, dass man ihm wieder mehr Beachtung schenkt. Da der Mispelbaum in der Wuchsform eher klein bleibt, benötigt er zum Gedeihen auch nur eine kleine, möglichst sonnige Fläche. Bei uns in Franken sagt man zu den Früchten „Hundsärschli". Warum? Na, schauen Sie mal genau hin!"

FRANKEN-SCHLEHEN
(„FRÄNKISCHE OLIVEN“)

ZUTATEN

500 g Schlehen (erst sammeln, wenn sie den ersten Frost abbekommen haben, ersatzweise einen Tag lang einfrieren)
1 l Wasser
300 g Meersalz
1 Bund Thymian
1 Lorbeerblatt
Ein wenig Rosmarin
1 Gewürznelke

Nach 2 Monaten

500 ml hochwertiges Olivenöl
Frischer Knoblauch nach Belieben
Etwas frischer Thymian
Etwas frischer Rosmarin
Ein kleines Stück Zitronenschale (unbehandelt!)
½ rote Peperoni

Ergibt 6–7 Gläser à 200 ml

Die „Franken-Schlehen“ schmecken sehr lecker auf Pizza, im Salat oder zum Käse. Besonders köstlich sind sie kurz blanchiert, mit Tomaten und gedünsteten Zwiebeln in einer herzhaften Sauce zu Wild oder Lamm.

ZUBEREITUNG

1. Das Wasser mit dem Salz und den Gewürzen aufkochen, bis sich das Salz ganz aufgelöst hat. Stellen Sie den Salz-Gewürz-Sud zur Seite und lassen Sie ihn abkühlen.

2. Geben Sie die Schlehen in ein großes, hohes Schraubglas. Fischen Sie erst die Kräuter/Gewürze aus dem Sud und übergießen Sie dann die Schlehen damit, bis sie vollständig bedeckt sind. Das Glas fest verschließen und die Schlehen mindestens 2 Monate an einem kühlen, dunklen Ort durchziehen lassen. Gelegentlich leicht schütteln, damit sich das Salz vom Boden löst.

3. Nach zwei Monaten die Schlehen aus der Salzlake nehmen und in saubere Schraubgläser umfüllen.

4. Die Schlehen mit dem guten Olivenöl übergießen, bis sie völlig bedeckt sind. Ich füge noch eine kleine Scheibe Knoblauch, frische Gewürze, die Zitronenschale und etwas rote Peperoni hinzu. Die frischen Kräuter müssen ganz trocken sein, ansonsten besteht Schimmelgefahr.

5. Die Schlehen jetzt noch einmal mindestens 3 Wochen durchziehen lassen. In Geschmack und Konsistenz erinnern sie an schwarze Oliven, weshalb sie bei uns auch „Fränkische Oliven“ genannt werden.

SCHLEHENLIKÖR

ZUTATEN

1 kg Schlehen (erst sammeln, wenn sie den ersten Frost abbekommen haben, ersatzweise einen Tag lang einfrieren)
1 Bio-Orange
1 Ceylon-Zimtstange
300 g weißer Kandiszucker
1 Sternanis
3 Stück Nelkenwurz oder 1 gekaufte Gewürznelke
1 l weißer Rum (38 % Vol.)

Ergibt etwa 1,2 Liter Likör

ZUBEREITUNG

1. Graben Sie drei kleine Nelkenwurze aus und säubern Sie die Wurzeln von Schmutz. Alternativ können Sie auch eine gekaufte Gewürznelke verwenden. Waschen Sie die Schlehen und lassen Sie die Kerne drin.

2. Die Orange mit heißem Wasser waschen und die Schale vorsichtig mit einem scharfen Messer hauchdünn abschneiden. Achten Sie darauf, dass Sie so wenig wie möglich von der bitteren weißen Haut darunter „erwischen".

3. Füllen Sie die Schlehen in ein großes Gefäß (am besten eignet sich eine Glasflasche mit weitem Hals) und fügen Sie die Orangenschale, die Zimtstange, den Kandiszucker, den Sternanis und die Nelkenwurze (oder die Gewürznelke) hinzu.

4. Dann den Rum darübergießen und das Ganze an einem kühlen und dunklen Ort mindestens 3 Monate durchziehen lassen. Die Flasche gelegentlich vorsichtig schütteln.

5. Die Schlehenmischung durch ein Sieb in ein Gefäß gießen und danach durch einen Kaffeefilter abseihen. So erwischt man auch noch die feinsten Schwebeteilchen. Den Schlehenlikör in kleine, dekorative Flaschen füllen und zu Weihnachten an liebe Freunde verschenken. Er hält sich etwa 6 Monate und schmeckt auch an kalten Winterabenden im heißen Tee wunderbar.

HAGEBUTTENMUS

ZUTATEN

1 kg reife Hagebutten (vorzugsweise von Wildhecken)
500 ml Apfelsaft
500 g Gelierzucker 2:1
1 Prise Salz
1 Bio-Zitrone, nur der Saft, frisch gepresst

Ergibt 3–4 Gläser à 250 ml

Die Hagebuttenkerne sollten Sie keinesfalls wegwerfen, denn sie enthalten viel Kieselsäure und ergeben einen sehr leckeren Tee, der uns vor allem im Winter guttut (Rezept „Kernles-Tee“ siehe Seite 167).

ZUBEREITUNG

1. Kochen Sie die Hagebutten zusammen mit dem Apfelsaft weich und streichen Sie anschließend die Masse durch ein Sieb oder die Flotte Lotte. (Die Kerne nicht wegwerfen, die brauchen wir noch!) Es entsteht eine feine tomatenrote Creme.

2. Das aufgefangene Mus müssen Sie nun mit dem Gelierzucker, einer kleinen Prise Salz und dem Zitronensaft vermischen und 4 Minuten lang sprudelnd kochen. Dann sofort in die sauberen Gläser füllen, diese fest verschließen und für kurze Zeit auf den Deckel stellen, dann wieder umdrehen.

Hagebutten kann man meist ab Anfang Oktober sammeln. Sie sind dann zwar noch sehr hart und etwas säuerlich, besitzen aber zu dieser Zeit sehr viel Vitamin C. Wenn Sie Ihr Mus lieber süßlicher mögen, müssen Sie vor der Ernte die ersten Nachtfröste abwarten. Allerdings lässt sich die weiche Hagebutte dann nicht mehr so leicht pflücken. Einfacher ist es, die festeren Früchte zu nehmen und sie dann geputzt (dazu Köpfchen und Stielansatz abschneiden) für 48 Stunden in den Gefrierschrank zu legen und ihnen dadurch eine Frostnacht „vorzugaukeln“.

Natürlich könnten Sie sich auch die Mühe machen, die Hagebutten vor dem Kochen mit einem Messer zu halbieren und die Kernchen (eigentlich sind es Nüsschen) herauszukratzen. Das dauert bei einem Kilo Hagebutten etwa drei Stunden. Diese Methode hat den Vorteil, dass nicht so viel Fruchtfleisch im Sieb zurückbleibt und das Mus fruchtiger wird.

KERNLES-TEE (AUS HAGEBUTTEN)

ZUTATEN

5 EL Hagebuttenkerne
1 l Wasser

Ergibt rund 1 Liter Tee

ZUBEREITUNG

1. Streichen Sie die Kernmasse, die beim Kochen des Hagebuttenmuses (siehe S. 164) angefallen ist, dünn auf einem mit Backpapier ausgelegten Backblech aus und lassen Sie sie bei maximal 60 °C im Backofen so lange trocknen, bis keinerlei feuchte Stellen mehr zu erkennen sind.

2. Zerbrechen Sie die „Platte“ aus den getrockneten Kernchen in kleine Stücke und geben Sie sie in den Mixer. Keine Sorge: Die Kerne sind so hart, dass sich beim Mixen nur das getrocknete Fruchtfleisch davon löst, die Kerne selbst bleiben jedoch ganz.

3. Geben Sie nun das Kern-Pulver-Gemisch in ein feines Sieb. Beim Sieben bleiben die Kerne im Sieb zurück, während die Härchen hindurchfallen.

4. Geben Sie nun 5 Esslöffel Hagebuttenkerne in einen Topf und füllen Sie diesen mit einem Liter kaltem Wasser auf. Ich lasse die Kerne immer über Nacht durchziehen und den Tee am nächsten Tag mindestens 20 Minuten lang leicht köcheln.

5. Seihen Sie den Tee danach ab und süßen Sie ihn nach Belieben mit etwas Honig. Die Kerne können Sie wieder zurück in den Topf geben. Nach maximal dreimaligem Aufkochen sind die Kernchen dann ausgelaugt und müssen durch neue ersetzt werden.

Es fasziniert mich immer wieder, dass sich der Tee durch das Kochen der Kerne tatsächlich so intensiv rot färbt. Schließen Sie die Augen und schnuppern Sie doch mal ganz bewusst an dem Tee. Riechen Sie das leichte Vanillearoma? Die Hagebuttenkerne enthalten unter anderem auch Vanillin, was man im Tee als zartes Vanillearoma wahrnehmen kann.

Kernles-Tee ist der etwas in Vergessenheit geratene Tee aus Hagebuttenkernen. Bei meiner Großmutter stand den ganzen Winter über immer ein Topf auf dem Holzherd, aus dem wir uns jederzeit bedienen konnten. Meine Großmutter wusste um die lungenstärkende Wirkung der in den Kernen enthaltenen Kieselsäure. Ich bin überzeugt davon, dass uns ihr Tee gut durch den Winter brachte und wir deshalb von Husten, Schnupfen, Heiserkeit verschont blieben. Die Härchen, die bei der Kernles-Tee-Herstellung anfallen, dienten uns früher immer als natürliches Juckpulver – ach, war das eine Gaudi!

HAGEBUTTENZWIEBELSAUCE

ZUTATEN

250 g geputzte Hagebutten
60 ml Rapsöl
3 große rote Zwiebeln, in feine Ringe geschnitten
3 große weiße Zwiebeln, in feine Ringe geschnitten
2 säuerliche Äpfel, in Würfel geschnitten
120 g Zucker
1 Stück Ingwer, frisch gerieben
125 ml Weißweinessig
125 ml Weißwein (oder süßer Sherry)
Pfeffer
Salz

Ergibt 2 Gläser à 500 ml

Sie müssen rund 450 Gramm Hagebutten (das sind je nach Größe ungefähr 250 Stück) sammeln, damit Sie nach dem Säubern und Entkernen auf etwa 250 Gramm geputzte Hagebutten kommen. Das Vorbereiten der Hagebutten kostet etwas Zeit – Sie können das allerdings auch mehrere Tage vorher tun und die fertigen Hagebutten dann erst einmal einfrieren.

ZUBEREITUNG

1. Die Hagebutten müssen vor der Weiterverarbeitung entkernt werden. Schneiden Sie hierfür von den Früchten den Stielansatz und das Blütenköpfchen ab. Danach müssen Sie die Hagebutten halbieren und die Kerne herauskratzen. Das geht besonders gut mit einem spitzen Messer oder einem kleinen Kaffeelöffel.

2. Erhitzen Sie das Rapsöl in einer Pfanne und schwitzen Sie die Zwiebelringe darin an.

3. Geben Sie die Apfelwürfel kurz zu den Zwiebeln. Von den 120 g Zucker nehmen Sie 3 Esslöffel ab, streuen den Zucker über die Zwiebel-Apfel-Masse und lassen ihn etwas karamellisieren.

4. Nun den restlichen Zucker, die Hagebutten, den geriebenen Ingwer und alle weiteren Zutaten untermischen und alles etwa 45 Minuten lang einköcheln lassen. Es soll eine dickliche Sauce entstehen. Mit Salz und Pfeffer abschmecken.

5. Die fertige Hagebuttenzwiebelsauce in heiß ausgespülte Gläser füllen und diese sofort fest verschließen. Stellen Sie die Gläser dann für einige Minuten auf den Kopf.

Diese Sauce können Sie bei Bedarf kurz in einer Pfanne erhitzen, sie schmeckt hervorragend zu kurz gebratenem Fleisch oder zu Kartoffelgratin.

HAGEBUTTENSENF
MIT WILDKRÄUTERN

ZUTATEN

800 g Hagebutten
5 Gundermannstängel, fein gehackt
5 Kleiner-Wiesenknopf-Stängel, fein gehackt
5 Thymianzweige, fein gehackt
2 kleine Orangen
80 g Senfpulver
3 TL Ackersenfsamen
50 g brauner Zucker
2–3 EL Apfelessig
Salz

Ergibt 4 Gläser à 150 ml

Dieser fein-fruchtige Senf passt am besten zu jeglicher Art von (Ziegen-) Käse oder zu kurzgebratenem Fleisch. 1–2 Esslöffel davon in einer würzigen Sauce peppen diese ganz besonders köstlich auf.

ZUBEREITUNG

1. Legen Sie die gesammelten Hagebutten in ein Sieb und waschen Sie sie kurz unter fließendem Wasser ab. Nun müssen die Blütenköpfchen und die Stielansätze der Hagebutten mit einem scharfen Messer abgeschnitten werden.

2. Geben Sie die Früchte in einen Topf und kochen Sie sie mit 350 ml Wasser zugedeckt etwa 30 Minuten weich.

3. Anschließend lassen Sie die Masse kurz auskühlen und streichen dann alles durch ein feines Sieb (wer eine hat, benutzt natürlich die Flotte Lotte).

4. Die Kräuter bei Bedarf kurz waschen und gut trocken schütteln oder mit einem Küchentuch vorsichtig abtupfen. Zupfen Sie die Blätter von den groben Stängeln und hacken Sie diese in nicht zu kleine Stücke.

5. Die Orangen auspressen und den Saft mit Senfpulver, Ackersenfsamen, Zucker, Essig und Salz verquirlen.

6. Rühren Sie das ausgekühlte Hagebuttenmark in die Orangenmischung ein und fügen Sie die fein gehackten Kräuter hinzu.

7. Jetzt kochen Sie die fertige Senfmischung nochmals unter Rühren 2 Minuten lang, danach füllen Sie sie sofort in die vorbereiteten Gläser und verschließen diese fest.

Der Hagebuttensenf muss noch kurze Zeit „reifen", wodurch er im Geschmack milder wird. Er hält sich im Kühlschrank etwa 4 Monate.

Super auch als **Salatdressing**: 3 Esslöffel Hagebuttensenf mit 6 Esslöffeln Olivenöl, Salz, Pfeffer, einer kleinen, fein geschnittenen Zwiebel und 3 Esslöffeln Apfelessig gut verrühren und über den Salat geben.

VOGELBEERENMUS

ZUTATEN

500 g Vogelbeeren
500 g Äpfel (vorzugsweise mürbe Sorten)
500 g Gelierzucker 2:1

Ergibt: 4 Gläser à 250 ml

Dieses Mus passt hervorragend zu allen Fleisch- und Wildgerichten, schmeckt aber auch auf einem einfachen Butterbrot ganz köstlich. Auch Saucen lassen sich damit wunderbar verfeinern.

ZUBEREITUNG

1. Zupfen Sie die Beeren von den Stängeln und waschen Sie sie kurz unter fließend kaltem Wasser ab.

2. Die Äpfel ebenfalls waschen, schälen, Kerngehäuse entfernen und in grobe Stücke schneiden.

3. Äpfel und Vogelbeeren in einem Topf mit 200 Millilitern Wasser so lange kochen, bis die Vogelbeeren schön weich sind. Das kann schon mal eine halbe Stunde dauern. Bereiten Sie in der Zwischenzeit die Gläser vor.

4. Ist die Vogelbeeren-Apfel-Masse weich, streichen Sie sie durch ein nicht zu feines Sieb (oder nehmen Sie die Flotte Lotte) und fangen Sie das Fruchtmus in einem Topf auf.

5. Fügen Sie den Gelierzucker hinzu, kochen Sie die Masse dann 4 Minuten lang sprudelnd auf und füllen Sie sie sofort in die vorbereiteten Gläser. Dann die Gläser fest verschließen und für kurze Zeit auf den Kopf stellen.

Die Vogelbeeren müssen gut ausgereift sein. Falls es noch keine Nachtfröste gegeben hat, können Sie sie ersatzweise 48 Stunden lang einfrieren. Das ist notwendig, damit sich die Bitterstoffe in den Früchten etwas verlieren und ihr Aroma besser zur Geltung kommt.

MISPELMUS

ZUTATEN

500 g reife Mispeln
50 ml Apfelsaft
250 g Gelierzucker 2:1
1 Bio-Zitrone, nur der Saft, frisch gepresst

Ergibt 2 Gläser à 250 ml

Das Mus können Sie pur auf Ihrem Frühstücksbrötchen genießen. Da es ein wenig an Apfelmus erinnert, passt es auch sehr gut zu allen Süßspeisen. Veredeln Sie doch Ihren Quark oder ein Naturjoghurt mit einem Löffel Mispelmus.

ZUBEREITUNG

1. Entfernen Sie den Stielansatz und die markanten Kelchblätter der Früchte mit einem scharfen Messer.

2. Kochen Sie die Mispeln zusammen mit dem Apfelsaft so lange, bis die Früchte weich sind.

3. Streichen Sie die Masse durch ein Sieb oder geben Sie sie in die Flotte Lotte und fangen Sie das Mus auf.

4. Fügen Sie den Gelierzucker und den Zitronensaft hinzu und lassen Sie die Masse 4 Minuten lang sprudelnd kochen. Danach sofort in die vorbereiteten Schraubgläser füllen, diese fest verschließen und anschließend für kurze Zeit auf den Kopf stellen.

Bitte achten Sie unbedingt darauf, die Mispel nicht mit der giftigen Mistel zu verwechseln!

Mispeln können erst verarbeitet werden, wenn mindestens eine Frostnacht über die Früchte gegangen ist, nur dann werden sie weich und aromatisch. Hier ist wirklich Geduld gefragt, denn haben Sie die Mispeln zu früh geerntet, war Ihre ganze Arbeit vergebens, weil die Früchte dann hart und geschmacklos sind.

MISPEL

KORNELKIRSCHEN („DIRNDERLI")

ZUTATEN

Rund 500 g reife Kornelkirschen
1 l Wasser
400 g Meersalz
1 Gewürznelke
1 Sternanis
1 Lorbeerblatt
1 Bund Thymian
1 kleiner Rosmarinzweig
Hochwertiges Raps- oder Olivenöl zum Zubereiten

Ergibt ein großes Glas mit 500 Gramm gesalzenen Kornelkirschen

Geben Sie doch mal ein paar frische Kornelkirschen in Ihren Früchte-Smoothie oder kochen Sie daraus eine ganz besondere Marmelade. Dazu müssen Sie aber vorher die kleinen Kerne entfernen.

ZUBEREITUNG

1. Die Kornelkirschen waschen und in ein großes, hohes Glas mit Schraubdeckel geben.

2. Das Wasser mit dem Salz, den Gewürzen und Kräutern aufkochen, bis sich das Salz aufgelöst hat.

3. Den Sud etwas abkühlen lassen und mitsamt den Gewürzen noch warm (nicht heiß!) über die Kornelkirschen gießen. Sie müssen vollständig bedeckt sein.

4. Das Glas verschließen und die Kornelkirschen mindestens 4 Monate an einem kühlen, dunklen Ort durchziehen lassen. Das Glas gelegentlich sanft schütteln, damit sich das Salz vom Boden löst.

Bei Bedarf holen Sie am Vortag einige Kirschen aus dem Salzsud und waschen sie kurz unter fließendem Wasser. Trocknen Sie sie mit einem Küchentuch vorsichtig ab, geben Sie sie in ein kleines Glas oder in eine Deckelschüssel und gießen Sie Raps- oder Olivenöl darüber. Die „Ölkirschen" müssen nun mindestens einen Tag marinieren, dann sind sie genussfertig. Je länger sie im Öl ruhen, desto milder wird ihr Geschmack.

WINTER

EIER UND HÜHNER

Vor einigen Jahren habe ich von meinem Mann zum Geburtstag fünf Hühner geschenkt bekommen. Ehrlich gesagt: Anfänglich hielt sich meine Freude durchaus in Grenzen. Ich besaß keinerlei Erfahrung im Umgang mit Federvieh, und jetzt scharrten von einem Moment auf den anderen die Hühner in unserem frisch angelegten Garten. Ich hatte das Glück, dass auf unserem Bauernhof der ehemalige Hühnerstall noch vorhanden war, und so bezogen die „Damen" ihr neues Zuhause, als hätten sie schon immer bei uns gewohnt. Seitdem beglücken mich Frida, Erika, Rosi, Lore und Esmeralda jeden Tag mit frischen Eiern. Ich würde meine Hühner für kein Geld der Welt mehr hergeben wollen!

Auch Kinder finden den Umgang mit Hühnern sehr spannend, denn oft lassen sich die Tiere sogar streicheln. Hühner sind absolut pflegeleicht und haben einen hohen Unterhaltungswert. Ich könnte ihnen stundenlang zusehen, wenn sie gemeinsam ihre Runden durch unseren Garten drehen. Nur die Blumen leiden zugegebenermaßen etwas darunter. Aber auch hier lässt sich Abhilfe schaffen, indem man robuste Stauden in die Beete setzt oder bestimmte Bereiche im Garten durch kleine Zäune schützt. Mein Gemüsegarten ist mit einem Staketenzaun abgetrennt. Einige ausgegrabene Blumenzwiebeln hin oder her: Die Vorzüge der Hühner überwiegen! So manche Schnecke endet als kleine Zwischenmahlzeit,

und der anfallende Hühnermist ist für Gartenbesitzer ein wahrer Schatz. Er ist reich an Stickstoff, Phosphor und Kalium und deshalb ein erstklassiger Dünger.

Vorausgesetzt, man hat genug Platz, ist es relativ unkompliziert, sich ein paar Hühner zu halten. Bei guter Pflege hat man jahrelang seine Freude an ihnen. Wenn auch Sie täglich frische, von Schadstoffen unbelastete Eier genießen möchten, lassen Sie sich unbedingt vorab von Fachkundigen über Haltung, Fütterung, Unterbringung, Charaktereigenschaften etc. der freundlichen „Mistkratzer" beraten.

Früher waren Eier so kostbar, dass die Bauern den Kirchen und Klöstern sogar ihre Pacht für die Felder mit Eiern bezahlten. Unsere Freunde und Nachbarn sind zwar auch immer dankbare Abnehmer, aber manchmal kommt es doch vor, dass wir nicht alle Eier aufbrauchen können. Dann backe ich am liebsten Kuchen. Auch ein selbst gemachter Eierlikör steht immer in unserem Kühlschrank, und Salzeier dürfen bei der Brotzeit ebenfalls nicht fehlen. Da Hühner im Winter meist eine kurze Legepause einlegen, können Sie diese Zeit mit den haltbaren Salzeiern gut überbrücken.

Falls Sie keine Möglichkeit haben, eigene Hühner zu halten, dann achten Sie beim Eierkauf unbedingt auf den aufgedruckten Code. Die erste Ziffer zeigt die Art der Haltung an (3 = Käfighaltung, 2 = Bodenhaltung, 1 = Freilandhaltung, 0 = ökologische Erzeugung). Ich möchte Ihnen wirklich ans Herz legen, beim Kauf auf Qualität zu achten. Kaufen Sie nur Eier mit 1 oder 0, die schmecken nicht nur besser, auch der Gedanke an die artgerecht gehaltenen, glücklichen Hühner stimmt froh!

Rohe Eier halten sich im Kühlschrank etwa 4 Wochen, wenn sie ganz frisch sind. Wie frisch ein rohes Ei ist, können sie mithilfe des Wasserglastests herausfinden. Dazu legen Sie das Ei in ein Gefäß mit kaltem Wasser. Stellt sich das Ei senkrecht nach oben oder schwimmt an der Oberfläche, dann können Sie davon ausgehen, dass es nicht mehr ganz frisch ist. Bleibt das Ei am Boden liegen, ist es frisch. (Das kommt daher, dass noch nicht viel Luft in das Ei eingedrungen ist.) Verlassen Sie sich im Zweifelsfall immer auf Ihre Nase. Ein verdorbenes Ei erkennen Sie garantiert am Geruch, es muss unbedingt entsorgt werden. Speisen mit rohen Eiern müssen Sie innerhalb von 24 Stunden verbrauchen, ansonsten besteht die Gefahr einer Salmonelleninfektion!

Wussten Sie eigentlich, dass Hennen mit weißen Ohrlappen meist weiße und Hennen mit roten Ohrlappen meist braune Eier legen? Es kommt also nicht auf die Farbe des Federkleids an …

EIERLIKÖR

ZUTATEN

10 Eigelb
500 g Puderzucker
2 Päckchen Vanillezucker
250 ml Sahne
500 ml Kognak oder Doppelweizenkorn (38 % Vol.)

Ergibt etwa 1 Liter

Der Eierlikör wird mit der Zeit ziemlich dickflüssig und schmeckt dann über Eis besonders köstlich.

ZUBEREITUNG

1. Streichen Sie die Eigelbe zuerst durch ein feines Sieb, damit die Haut und die Hagelschnüre entfernt werden.

2. Die Eigelbe mit Puderzucker und Vanillezucker schaumig schlagen. Dann zuerst die Sahne unterziehen und anschließend den Kognak oder Doppelweizenkorn hinzugeben. Die Masse mindestens 3 Minuten lang gut verrühren und dann mit einem Trichter in eine oder mehrere schöne saubere Flaschen füllen.

Der Eierlikör hält sich im Kühlschrank etwa 6 Monate, die Flasche sollte ab und zu geschüttelt werden.

SALZEIER

ZUTATEN

10 Eier
1 l Wasser
40 g Salz
1 EL Senfkörner
1 Rosmarinzweig
½ Lorbeerblatt
1 großes Glas mit Deckel (Minimum 1 Liter Fassungsvermögen)

Für 1 Glas mit gut 1 Liter Fassungsvermögen

ZUBEREITUNG

1. Die frischen Eier 8 Minuten hart kochen. Das Wasser abgießen und die Eier rundherum leicht anschlagen, damit die Schale anbricht. Das funktioniert beispielsweise mit einer Suppenkelle ganz prima.

2. Aus dem Wasser und dem Salz einen Sud kochen und so lange köcheln lassen, bis sich das Salz aufgelöst hat. Den Sud aufbewahren und abkühlen lassen. Die Gewürze und die Eier in das vorbereitete Glas schichten.

3. Nun das Glas mit dem abgekühlten Sud auffüllen und gut verschließen.

Die Eier sind dann im Kühlschrank einige Tage haltbar und schmecken ganz wunderbar zur Brotzeit.

EIERLIKÖRKUCHEN MIT KIRSCHEN

ZUTATEN

150 g frische oder eingeweckte Kirschen
170 g zimmerwarme Butter
120 g Zucker
2 Eier
120 ml selbst gemachter Eierlikör
125 ml Buttermilch
1 Prise Salz
320 g Dinkelmehl
½ Päckchen Backpulver
Pflanzenmargarine zum Einfetten der Gläser

Ergibt 5 Gläser à 500 ml

„Eingeweckt" ist der Kuchen mindestens 6 Wochen haltbar. Er ist ein wunderbares Mitbringsel zum Kaffeekränzchen!

ZUBEREITUNG

1. Gläser und Deckel heiß ausspülen und die Gummiringe kurz in heißes Essigwasser einlegen. Die so vorbereiteten Gläser bis zur halben Höhe mit Margarine einfetten. Achten Sie hierbei darauf, dass der Rand des Glases auf jeden Fall fettfrei bleibt, damit sich beim Verschließen auch wirklich ein Vakuum bilden kann.

2. Die frischen Kirschen entsteinen und halbieren. Eingeweckte Kirschen bitte durch ein Sieb abtropfen lassen.

3. Den Backofen auf 180 °C (Ober- und Unterhitze; Umluft 160 °C) vorheizen.

4. Die zimmerwarme Butter mit dem Zucker so lange aufschlagen, bis eine cremige Masse entstanden ist. Die Eier zugeben und weitere 2 Minuten rühren. Eierlikör und Buttermilch hinzufügen, Salz, Mehl und Backpulver kurz unterrühren. Nun die Kirschen unter den Teig ziehen.

5. Die Gläser zu einem Drittel mit Teig füllen. Auch wenn es vielleicht seltsam aussieht: Geben Sie nicht mehr Teigmasse in die Gläser! Der Kuchen geht beim Backen auf, und falls Sie zu viel Teig eingefüllt haben, können Sie die Gläser hinterher nicht mehr verschließen.

6. Die Gläser für 45 Minuten in den vorgeheizten Backofen schieben. Machen Sie eine Holzstäbchenprobe, um zu prüfen, ob der Kuchen schon fertig ist. Bleibt kein Teig mehr an dem Stäbchen kleben, ist der Kuchen fertig und kann aus dem Ofen. Da die Gläser sehr heiß sind, brauchen Sie gute Ofenhandschuhe!

7. Verschließen Sie die Gläser sofort mit den Gummiringen und den Deckeln und bringen Sie die Klammern an. Nehmen Sie die Klammern erst ab, wenn die Gläser vollständig ausgekühlt sind.

8. Vor dem Servieren können Sie den Kuchen noch mit Puderzucker bestäuben.

UNSER DORFMETZGER

„Freitags ist bei uns Fleisch- und Wursttag. Eigentlich gibt es in Bayern freitags eher fleischlose Gerichte, wie Fisch oder Mehlspeisen, aber bei uns schlachtet der Dorfmetzger eben nun mal Donnerstagnacht, und am Freitag um 11.00 Uhr öffnet er dann sein kleines Geschäft. Das war schon so, als ich noch ein ganz kleines Mädchen war und meine Großmutter immer überredete, mir vom Einkauf eine Gelbwurst mitzubringen. Natürlich fragt er auch heute noch die Kinder: „Mogst a Stückala Gelbwoschd?"

Wir notieren uns immer, was wir für die kommende Woche alles brauchen. Selbst wenn wir in den Urlaub fahren, können wir nicht vor 11.00 Uhr starten, weil ja der rohe Schinken als Wegzehrung noch mit muss.

Das Thema „Fleisch" ist mir persönlich sehr wichtig. Da ich selbst einige Tiere halte, ist es mir ein großes Anliegen, dass meine Familie möglichst kein Fleisch aus Massentierhaltung isst. Natürlich bin ich mir auch darüber bewusst, dass es nicht ganz preiswert ist, bei Fleisch und Wurst auf artgerechte Haltung oder sogar auf Bio-Qualität umzusteigen. Wenn Ihnen Biofleisch zu teuer ist, können Sie trotzdem etwas Gutes tun, indem Sie darauf achten, möglichst nur Ware aus Ihrer Region zu kaufen. Dadurch vermeiden Sie lange, anstrengende Transportwege für die Tiere und tragen so wesentlich zum Tierwohl bei. Fragen Sie auch an der Fleischtheke in Ihrem Supermarkt, ob dort Fleisch und Wurst von regionalen Anbietern verkauft werden.

Ach und übrigens: Das ganz frische Fleisch unseres Metzgers hält sich natürlich auch einige Tage im Kühlschrank und dient uns auch oft als Sonntagsbraten. Meist kaufe ich etwas mehr Fleisch und wecke den fertigen Braten in Gläsern ein.

Als Alternative zu Fleisch- und Wurstprodukten bereite ich aber auch gerne mal einen vegetarischen Brotaufstrich zu. In Jahren mit vielen Eicheln und Bucheckern lässt sich aus diesen Waldfrüchten im Handumdrehen ein köstlicher Brotaufstrich zaubern."

BROTAUFSTRICH AUS EICHELMEHL

ZUTATEN

400 g frische Eicheln für das Eichelmehl (200 g Eichelmehl werden benötigt)
Etwa 300 g mehlige Kartoffeln
1 kleine Zwiebel
1 Knoblauchzehe
1 EL Butter
1 TL Majoran, getrocknet
½ TL Meerrettich
1 EL Olivenöl
Salz, Pfeffer
Nach Belieben: Kümmel zum Darüberstreuen

Ergibt 1 Glas mit 500 Gramm

ZUBEREITUNG EICHELMEHL

1. Da Eicheln sehr viel Gerbsäure enthalten, müssen sie vor dem Verarbeiten gründlich gewässert werden. Dazu geben Sie die Eicheln in eine Schüssel, überbrühen sie mit kochendem Wasser und lassen sie einige Minuten darin baden. Die Eicheln, die an der Oberfläche schwimmen, können Sie aussortieren, denn sie enthalten meist ein Würmchen und sind für die Mehlherstellung unbrauchbar.

2. Schütten Sie das Wasser weg und übergießen Sie die Eicheln erneut mit kochendem Wasser. Diesen Vorgang wiederholen Sie so lange, bis sich das Wasser nicht mehr braun färbt.

3. Entfernen Sie von den noch warmen Eicheln die äußere Schale und legen Sie die geschälten Kerne wieder in warmes Wasser. (Achten Sie darauf, dass die bittere Samenhaut mit entfernt wird.)

4. Wenn Sie alle Eicheln geschält haben, geben Sie sie in den Mixer und verarbeiten Sie sie zu einem Püree. Es überrascht schon jetzt mit seinem nussigen Geschmack!

5. Um Mehl daraus zu gewinnen, müssen Sie das Püree ganz dünn auf einem mit Backpapier belegten Backblech ausstreichen und es bei maximal 40 °C bei leicht geöffneter Backofentür völlig durchtrocknen lassen (Kochlöffel einklemmen). Anschließend nochmals mixen, und schon ist das Eichelmehl fertig.

Eichelmehl im Handel zu finden, ist gar nicht so leicht. Es selbst herzustellen, ist dafür umso einfacher. Sammeln Sie im Herbst die frischen Eicheln im Wald oder in einem Park. Nehmen Sie am besten die Eicheln, die an den Enden noch leicht grün sind. Sie lassen sich besser schälen als die ganz braunen.

ZUBEREITUNG BROTAUFSTRICH:

1. Kochen Sie die Kartoffeln und drücken Sie sie noch warm durch eine Presse. Falls Sie keine Presse besitzen, funktioniert das auch mit dem Handrührgerät.

2. Schneiden Sie die Zwiebel und den Knoblauch so fein wie möglich. Die Zwiebel wird nun in etwas Butter glasig angebraten.

3. Geben Sie jetzt alle Zutaten inklusive dem Eichelmehl zu den Kartoffeln und vermischen Sie alles sehr sorgsam. Schmecken Sie den Aufstrich mit Salz und Pfeffer ab und genießen Sie diese Waldspezialität direkt auf frischem Schwarzbrot. Wer mag, kann noch ein wenig Kümmel darüberstreuen.

Der Aufstrich hält sich in einem verschlossenen Glas etwa 3 Tage im Kühlschrank.

Da sein Geschmack und die Konsistenz ein wenig an Leberwurst erinnern, rangiert der Aufstrich auch bei Vegetariern und Veganern oben auf der Hitliste. Überraschen Sie Ihre Lieben mit dieser besonderen „Eichel-Leberwurst".

GRIEBENSCHMALZ

ZUTATEN

750 g Schweineflomen (Bauchfett vom Schwein)
200 g roher Schinken
5 kleine Zwiebeln
1 TL Salz
1 Prise Pfeffer

Ergibt 5 Gläser à 250 ml

ZUBEREITUNG

1. Schweineflomen, rohen Schinken und Zwiebeln so fein wie möglich würfeln.

2. Den Schweineflomen in einen nicht zu kleinen Topf geben und bei starker Hitze auslassen. Dabei immer wieder umrühren. Lassen Sie den Flomen so lange braten, bis das Fett flüssig geworden ist und sich kleine Stückchen („Grieberli“) gebildet haben und das Fett langsam hellbraun wird (das kann schon mal 10 Minuten dauern).

3. Den rohen Schinken und die fein geschnittenen Zwiebeln hinzufügen und mitbraten, bis auch diese Zutaten langsam braun werden (**Achtung:** ja nicht verbrennen lassen!). Am Schluss den Geschmack noch mit Salz und Pfeffer abrunden und die kochend heiße Masse mit einem Email- oder Edelstahltrichter in die vorbereiteten Gläser füllen. Dann die Gläser fest verschließen und kurz auf den Deckel stellen, damit sich ein Vakuum bilden kann.

Achtung: Sie arbeiten hier mit siedendem Fett, das möglicherweise spritzt. Sie müssen dabei unbedingt darauf achten, dass Sie sich nicht verbrennen.

Es gibt für mich einfach nichts Besseres als ein frisches Schwarzbrot mit hausgemachtem Griebenschmalz. So wie bei Mama: deftig, selbst zubereitet und einfach nur lecker. Eine Scheibe Brot mit Griebenschmalz ist so schön altmodisch und liegt doch voll im Trend. Ich werde so oft nach dem Rezept gefragt, dass ich es Ihnen nicht vorenthalten möchte. Da Schweineflomen nicht immer zu bekommen ist, sollten Sie besser vorab mit Ihrem Metzger sprechen, ob er Ihnen welchen auf die Seite legen kann. An der Fleischtheke im Supermarkt können Sie natürlich auch danach fragen.

BIENEN UND HONIG

Ich hatte das große Glück, dass mein Grundschullehrer ein begeisterter Hobbyimker war. Es verging kaum ein Schultag, an dem er uns nicht von seinen fleißigen Bienen erzählte. Hatten wir mal wieder keine Lust auf den Mathematikunterricht, brauchten wir ihn nur nach seinen Bienen zu fragen, und er stieg zu unser aller Freude sofort auf das Thema ein. Erst viele Jahre später hat das Bienenvirus dann auch mich infiziert, und seit Kurzem betreibe ich gemeinsam mit meinem Mann eine kleine Bio-Imkerei (www.naturalbee.de). Neben der wunderbaren Honigernte liegt uns dabei der große Beitrag zur Erhaltung unserer Natur besonders am Herzen. Unser ganzes Ökosystem würde ohne unsere fleißigen Bienen so nicht funktionieren, deshalb ist die Biene nach Rind und Schwein das wichtigste Nutztier in Deutschland.

Schon früh erkannten die Menschen in vielen Kulturen den Wert des Honigs und nutzen ihn seither sowohl als Nahrungs- wie auch als Heilmittel. Honig galt als Geschenk der Götter und wurde zum Einbalsamieren der Verstorbenen ebenso eingesetzt wie zur Heilung der Lebenden. Das ist nicht verwunderlich, denn Honig enthält mehr als 200 verschiedene Inhaltsstoffe (beispielsweise Vitamine, Enzyme, Mineralstoffe, Spurenelemente). Das Zusammenwirken all dieser Stoffe macht den Honig so gesund.

Beim **Blütenhonig** sammeln die Bienen den Nektar blühender Pflanzen und verarbeiten ihn zu Honig. Den **Waldhonig** (er wird auch „Honigtau“ genannt) können die Bienen nicht selbst herstellen und brauchen deshalb ein paar kleine Helferlein, die ein wenig Vorarbeit leisten müssen: Läuse stechen Nadeln und Rinde von Bäumen an und entnehmen dem Saft die Eiweißverbindungen. Einen Teil davon verwerten sie selbst, die überschüssige Energie geben sie über eine Filterkammer in ihrem Körper wieder an die Umgebung ab. Diesen Honigtau holen sich die Bienen und produzieren daraus den Waldhonig. Ich persönlich mag diesen Honig am liebsten, denn er hat meist ein würziges, kräftiges Aroma, und wenn er wie flüssiger Bernstein von meinem Frühstücksbrötchen tropft, ist das der beste Start in den Tag. **Frühjahrshonig**, der über mehrere Tage langsam gerührt wird, erhält eine cremige Konsistenz, die sich danach auch nicht mehr verändert. Kristallisiert Ihnen Ihr Honig einmal aus, so bekommen Sie ihn wieder flüssig, wenn Sie ihn im Wasserbad erwärmen – auf maximal 40 °C. Sie sollten ihn keinesfalls auf eine höhere Temperatur bringen, denn Hitze zerstört die wertvollen Inhaltsstoffe.

Honig ist fast unbegrenzt haltbar, wenn Sie ihn richtig lagern: am besten kühl und dunkel. Bei uns steht das angebrochene Glas immer im Kühlschrank.

Bienen zu halten, ist ein wirklich schönes Hobby. Wenn Sie sich auch für die Bienenhaltung interessieren, kann ich Sie nur ermutigen, den ersten Schritt zu wagen. Es ist einfacher, als Sie denken. Eine Dachterrasse oder ein Balkon funktionieren genauso gut wie der eigene Garten oder die Streuobstwiese. Wenden Sie sich bei Interesse an einen erfahrenen Imker oder Ihren örtlichen Imkerverein und lassen Sie sich dort über Anschaffung und Haltung der Bienen sowie den richtigen Standort für das Volk informieren.

Ich ersetze in meinen Rezepten so oft wie möglich Zucker durch unseren eigenen Honig. Natürlich hat nicht jeder seinen eigenen Honig, aber fast überall im Land gibt es Imker, die ihren Honig anbieten. Leisten Sie einen Beitrag zum Erhalt der Bienenvölker und kaufen Sie nur regionalen Honig.“

WALNÜSSE IN HONIG

ZUTATEN

250 g Walnüsse, ganz oder grob gehackt

250 g Waldhonig (oder jede andere flüssige Sorte)

Nach Belieben

2 EL Weinbrand

Ergibt 1 Schraubglas mit 500 ml Inhalt

So liebe ich meine Honignüsse besonders: Ich belege ein kleines Stück Ziegenkäse mit einer Apfelscheibe, bekröne sie mit einer Honigwalnuss und lasse das Ganze im Ofen 5 Minuten lang backen. Eine himmlische Vorspeise!

ZUBEREITUNG

Die Nüsse in ein Schraubglas füllen und so viel Honig darübergießen, bis sie ganz bedeckt sind. Ich bevorzuge Waldhonig, weil er den Nüssen eine ganz besondere würzige Note verleiht. Natürlich können Sie aber auch den Honig verwenden, der Ihnen und Ihrer Familie am besten schmeckt. Wenn Sie mögen, können Sie am Schluss noch 2 Esslöffel Weinbrand dazugeben. Ich selbst füge immer einen kleinen Schuss Whisky hinzu, weil ich finde, dass sein rauchiger Geschmack so gut mit den Nüssen und dem Honig harmoniert.

Die Honignüsse sind sofort genussfertig. Machen Sie es doch wie die Griechen und rühren Sie in Ihr Naturjoghurt 1–2 Esslöffel Honignüsse ein. Und Ihr Obstsalat sieht besonders hübsch aus, wenn Sie ihn noch mit ein paar Nüssen „toppen".

Sie können die Mengen beliebig verändern. Das Verhältnis Nüsse zu Honig sollte aber immer ungefähr 1:1 betragen. Verwenden Sie nach Möglichkeit keine gekauften, sondern selbst gesammelte Walnüsse. (Gekaufte Walnüsse verlieren bald ihr Aroma und werden auch schnell ranzig, das verdirbt den Geschmack.) Falls Sie keine frischen Nüsse haben oder bekommen, kaufen Sie am besten Nüsse in der Schale und knacken sie erst kurz vor der Verarbeitung. Sie können die Walnüsse nach Belieben grob hacken oder auch im Ganzen verwenden.

Darf es mal etwas ganz Besonderes sein? In Honig eingelegte Walnüsse schmecken einfach köstlich. Man bekommt sie kaum zu kaufen (außer im gut sortierten Delikatessenladen), sie sind in der Küche vielseitig einsetzbar, und die Kombination aus Honig und Nüssen ist zudem auch noch richtig gesund!

HONIGLEBKUCHEN

ZUTATEN

Zutaten für den Lebkuchenteig:

125 g flüssiger Honig
150 g Zucker
50 g brauner Rohrzucker
1 Päckchen Vanillezucker
150 g weiche Butter
4 EL Milch plus 1–2 EL falls nötig
2–3 Tropfen Bittermandelaroma
1 gestr. TL Ceylon-Zimt
300 g Weizenmehl
100 g Roggenmehl
100 g feine Speisestärke
2 gestr. EL Kakao
1 Päckchen Backpulver

Zutaten für den Guss:

200 g Puderzucker
2 EL kaltes Wasser

Ergibt 3 Bleche

Mit dem Duft von frischen Lebkuchen verbinde ich so viele schöne Kindheitserinnerungen. Meine Großmutter schmückte den Weihnachtsbaum jedes Jahr mit kunstvoll verzierten Lebkuchen, die wir dann am Dreikönigstag naschen durften. Christbaumschmuck einmal anders!

ZUBEREITUNG

1. Heizen Sie den Backofen auf 180 °C (Ober- und Unterhitze; 160 °C Umluft) vor.

2. Geben Sie den flüssigen Honig zusammen mit dem Zucker, dem Vanillezucker, der Butter und der Milch in einen Topf und erwärmen Sie das Ganze so lange, bis sich der Zucker vollständig aufgelöst hat.

3. Füllen Sie die warme Masse in eine Schüssel und lassen Sie sie abkühlen. Ist die Masse fast erkaltet, fügen Sie das Bittermandelaroma und den Zimt hinzu und verrühren Sie alle Zutaten gründlich.

4. Vermischen Sie die Mehle mit der Speisestärke, dem Kakao und dem Backpulver. Geben Sie die Mischung dann zu der Honig-Zucker-Butter-Masse und verarbeiten Sie alles mit den Knethaken des Rührgeräts/der Küchenmaschine zu einem festen, kompakten Teig. Kneten Sie ihn mit den Händen nochmals kurz durch und fügen Sie, falls er zu weich ist, noch etwas Mehl hinzu. Ist er zu brüchig, können Sie noch 1–2 EL Milch einarbeiten.

5. Rollen Sie den Teig nun auf der leicht bemehlten Arbeitsfläche dünn aus, stechen Sie Ihre Honiglebkuchen mit dem gewünschten Motiv aus und legen Sie die Teiglinge auf ein mit Backpapier ausgelegtes Backblech. Ist das Blech voll, kommen die Lebkuchen bei 180 °C für etwa 10 Minuten in den Backofen.

6. Am besten lassen Sie die fertig gebackenen Lebkuchen auf einem Küchengitter auskühlen.

7. Zum Verzieren der Lebkuchen sieben Sie den Puderzucker und verrühren ihn mit dem Wasser zu einer dickflüssigen, spritzfähigen Masse. Füllen Sie den Guss in einen kleinen Gefrierbeutel und schneiden Sie eine Spitze des Beutels ab. Lassen Sie nun Ihrer Fantasie freien Lauf und dekorieren Sie das fertige Gebäck mit dem Puderzuckerguss im Spritzbeutel nach Lust und Laune!

zimtsterne,

NUSSECKEN

ZUTATEN

Zutaten für den Mürbeteig

250 g Mehl
1 Ei
1 Prise Salz
60 g Zucker
12 g kalte Butter, in kleine Würfel geschnitten

Zutaten für die Nussmasse

100 g Marzipan-Rohmasse
2 EL Weinbrand oder Kognak
400 g Haselnüsse, gemahlen
150 g Butter
100 g Crème fraîche
250 g Zucker
2 Päckchen Vanillezucker
Mehl zum Ausrollen
200 g dunkle Kuvertüre zum Eintauchen der Nussecken

Ergibt 1 kleines Backblech

Die Nussecken entfalten ihr volles Marzipanaroma, wenn man sie in einer fest verschlossenen Dose erst noch ein paar Tage durchziehen lässt.

ZUBEREITUNG

1. Zuerst müssen Sie den Mürbeteig herstellen. Sieben Sie dazu das Mehl auf die Arbeitsplatte und drücken Sie eine Mulde in die Mitte. Geben Sie das Ei, das Salz und den Zucker hinein. Dann die kalten Butterwürfel auf dem Mehlrand verteilen. Verkneten Sie nun rasch alle Zutaten mit den Händen zu einem geschmeidigen Teig. Formen Sie den Teig zu einer Kugel und wickeln Sie diese in Klarsichtfolie. So verpackt muss der Teig nun mindestens 1 Stunde lang im Kühlschrank ruhen.

2. Währenddessen bröckeln Sie die Marzipan-Rohmasse in eine hitzebeständige Schüssel, gießen den Kognak dazu und zerdrücken alles mit einer Gabel so gründlich, bis eine homogene Masse entstanden ist. Ziehen Sie nun die gemahlenen Haselnüsse unter. Schmelzen Sie in einem Topf zunächst die Butter und fügen Sie anschließend Crème fraîche, Zucker und Vanillezucker hinzu. Lassen Sie alles einmal kräftig aufkochen. Gießen Sie jetzt die noch heiße Masse über das Haselnussmarzipan und rühren Sie so lange, bis alles gut vermischt ist.

3. Wenn die Ruhezeit des Mürbeteigs vorbei ist, heizen Sie den Backofen auf 200 °C (Ober- und Unterhitze; Umluft 180 °C) vor.

4. Schneiden Sie einen Bogen Backpapier auf die Größe Ihres Backblechs zu und rollen Sie den kalten Mürbteig etwa 1 Zentimeter dick darauf aus. Legen Sie das Papier mit der ausgerollten Teigplatte auf das Backblech und verteilen Sie die Nussmasse gleichmäßig darauf.

5. Backen Sie das Ganze im vorgeheizten Backofen nun etwa 20–25 Minuten. Die Nussecken sind fertig, wenn sie beginnen, braun zu werden.

6. Lassen Sie die fertig gebackene Teigplatte etwas auskühlen und schneiden Sie sie noch lauwarm in Quadrate und diese dann diagonal in Dreiecke. Wenn die Nussecken völlig erkaltet sind, tauchen Sie ihre Spitzen noch in die dunkle Schokolade.

250g

FRÄNKISCHE MINISCHNEEBALLEN

ZUTATEN

4 EL Butter
12 Eigelb
2 ganze Eier
125 g Zucker
8 EL Schmand
1 Prise Salz
3–4 EL Zwetschgenschnaps
Mehl nach Bedarf
(= knapp 1 kg)
100 g Vanillezucker
Puderzucker
2 Stangen Pflanzenfett
zum Ausbacken

Ergibt rund 35 Stück

Schneeballen gibt es in Franken traditionell zu besonderen Festlichkeiten. Keine Hochzeit, Konfirmation oder Kirchweih ohne dieses Festtagsgebäck. Normalerweise werden sie in eigens dafür hergestellten Eisenformen gebacken. Diese Backeisen werden von Generation zu Generation weitervererbt und dürfen in Franken in keinem gut sortierten Haushalt fehlen. Doch Ihnen werden die Schneeballen auch ohne diese Spezialeisen gelingen, wenn Sie ein großes Teesieb als Form verwenden und den Teig darin ausbacken. Die Ballen sind dann zwar kleiner als das Original, aber natürlich genauso lecker.

ZUBEREITUNG

1. Rühren Sie zuerst die Butter schaumig und geben Sie nach und nach die Eigelbe, die ganzen Eier und den Zucker hinzu. Der Schmand wird nur kurz mit untergerührt, fügen Sie das Salz und den Schnaps hinzu und kneten Sie das Mehl sehr sorgsam ein, bis ein relativ fester Teig entstanden ist. Diesen Teig teilen Sie jetzt in etwa 30 Gramm schwere Stücke, aus denen Sie wiederum kleine Kugeln formen.

2. Die Teigkugeln müssen nun mit einem Nudelholz hauchdünn (maximal 2 Millimeter dick) zu runden Flecken (Kreisen) ausgewellt (ausgerollt) werden. Je dünner die Teigkreise, desto feiner werden die Schneeballen. Zum Auswellen der Teigkugeln bestäuben Sie Ihre Arbeitsfläche (sparsam!) mit Mehl. Anhängendes Mehl wird beim Frittieren schwarz und muss deshalb unbedingt vorher abgeklopft werden. Lassen Sie die fertigen Flecken zum Abtrocknen kurze Zeit liegen.

3. Die abgetrockneten Flecken werden nun mit einem Teigrädchen in 1 Zentimeter breite Streifen geschnitten, aber so, dass ringsherum noch ein Rand stehen bleibt und das Gebilde noch zusammenhält. Fädeln Sie nun mit einem dünnen Kochlöffelstiel jeden zweiten Streifen auf – wie beim Weben. Ziehen Sie dann den Kochlöffel heraus, formen Sie einen Ball aus dem „Teiggewebe" und legen Sie ihn in das Teesieb.

4. Geben Sie Ihr „Ersatzsschneeballeisen" in das heiße Pflanzenfett (etwa 180 °C) und drehen Sie es dabei am Anfang leicht hin und her. Backen Sie jeden Schneeballen, bis er goldbraun ist und lassen Sie ihn dann auf Küchenpapier gut abtropfen.

5. Lassen Sie den Vanillezucker in den noch lauwarmen Schneeballen einrieseln. Vor dem Servieren sollten Sie ihn von außen noch mit Puderzucker bestreuen.

Die Schneeballen kann man gut in einer Metalldose aufbewahren. Sie schmecken auch nach 3 Wochen noch gut.

ALPHABETISCHES REZEPTVERZEICHNIS

Ganz besonderer Dank gilt meiner Spülmaschine „Ludmilla", die mir jeden Tag treu zur Seite stand. Ich danke meiner Freundin Uli Wolpers, dass sie an mich glaubte und mich an die Agentur Kaefferlein & Koehne empfohlen hat. Ich danke Peter, dass er mich auf meinem weiteren Weg begleitet und mir beratend zur Seite steht. Besonderen Dank meinen beiden besten Freundinnen Martina Janiczek und Diana Scheitacker. Danke, dass ihr mit mir schon seit so vielen Jahren immer durch dick und dünn geht, und ist mein Vorhaben auch noch so „spinnert". Ich danke meiner großen Familie, dass sie schon seit ich denken kann, immer einen Anlass gefunden hat, um zu feiern und gemeinsam zu schlemmen. Ganz besonderen Dank an Oma Lotte, die mir immer zur Verfügung steht und mit mir gemeinsam auf „Kräuterjagd" geht, egal, wie schlecht das Wetter auch ist! Dank an das Team vom Südwest Verlag, insbesondere an Hannes Frisch, der sofort bereit war, mit mir dieses Projekt zu verwirklichen. Dank an Meike Bergmann und Anka Hartenstein für das wundervolle Fotoshooting. Ein tolles Erlebnis! Vielen lieben Dank an meine Lektorin Claudia Fritzsche, ihre Anmerkungen waren toll.
Ich danke meinem Mann und meinen Eltern – ihnen verdanke ich einfach alles!

IMPRESSUM

1. Auflage 2018

ISBN: 978-3-517-09691-9

Projektleitung: Hannes Frisch
Redaktion: Claudia Fritzsche
Bildredaktion: Anka Hartenstein
Illustrationen: Josefine Britz
Herstellung: Elke Cramer
Agentur: Olaf Köhne & Peter Käfferlein
Rezeptfotos: Meike Bergmann, außer S. 36 und S. 113: Daniela Wattenbach und S. 137 StockFood/Schmid, Ulrike;
Zusätzliche Bilder Daniela Wattenbach, außer: Adobe: 13 li. (rainbow33), 13 re. (Handmade-Pictures), 12 (tkphotography), 14 (Mi.Ti.), 17 (karepa), 19 (wsf-f), 22 li. (ingwio), 22 re. (Christiane), 23 (renagroby94), 39 li. (ji_images), 44 li. (Madeleine Steinbach), 50 (ClaraNila), 63 (Annett Seidler), 70 (AK-DigiArt), 71 (Marek Gottschalk), 83 (Grigory Bruev), 126 (Eligius), 127 li. (Thomas von Stetten), 132 (@nt), 152 (sopradit), 153 li. (Sea Wave), 158 (M. Schuppich), 159 oben (carmenrieb), 159 unten (Christian Jung), 180 re. (Reena), Meike Bergmann: 8, 9, 23 re., 180 li.; Panthermedia: 39 re. (HelmaSpona);
Covergestaltung: *zeichenpool unter Verwendung von Motiven von Meike Bergmann/Daniela Wattenbach
Gestaltung und Satz, DTP: Nadine Thiel
Reproduktion: Mohn Media Mohndruck GmbH, Gütersloh
Druck und Bindung: Mohn Media Mohndruck GmbH, Gütersloh

Printed in Germany

FSC www.fsc.org
MIX
Papier aus verantwortungsvollen Quellen
FSC® C011124

Verlagsgruppe Random House FSC® N001967